LÉON DE TAURIDE

LA RELIGION

A TRAVERS LES AGES

LE DIEU DE DEMAIN

PARIS
JOUVE & Cie, ÉDITEURS
15, Rue Racine, 15

1919

LA RELIGION A TRAVERS LES AGES

LÉON DE TAURIDE

LA RELIGION
A TRAVERS LES AGES

LE DIEU DE DEMAIN

PARIS
JOUVE & Cie, ÉDITEURS
15, Rue Racine, 15

1919

PRÉFACE

La question religieuse est une de celles qui agitèrent le plus la pauvre humanité depuis la plus haute antiquité jusqu'à nos jours.

Que de luttes, que de haines, que de massacres autour du drapeau de la divinité, interprétée de différentes façons.

Comme tant d'autres, nous avons payé notre tribut à cette question passionnante; comme tant d'autres nous y avons pensé et médité durant de longues années. Nous offrons au lecteur dans ce modeste ouvrage le fruit de nos réflexions et de nos recherches.

Les lignes qui vont suivre n'ont à nos propres yeux, qu'un seul pauvre mérite : c'est leur sincérité.

Nous ne voyons dans la Divinité Créatrice qu'une force naturelle, et par conséquent, une force aveugle et inconsciente.

C'est ainsi que nous l'interprétons, car c'est ainsi que nous la croyons, en toute sincérité.

Sans parti pris, sans faux orgueil, nous nous déclarons prêts à renoncer à nos idées, à notre labeur si on nous fournit des preuves logiques du contraire.

L'AUTEUR

A LA MÉMOIRE DE MA FEMME BIEN-AIMÉE

Ce modeste ouvrage te revient de droit, chère et regrettée compagne. L'écho de nos longues causeries théologiques résonne encore dans mes oreilles et je te vois, comme si c'était hier, dans notre commun cabinet de travail, unissant tes efforts aux miens et essayant de soulever le rideau du mystère.

Tu m'as secondé vaillamment dans ce travail par l'apport de ta science médicale et de ton raisonnement logique et sain.

Il m'est donc particulièrement pénible, ô chère disparue, de ne plus te voir au moment où le fruit de notre commun travail se prépare à voir le jour.

Mais le vitogène-créateur est inflexible et les regrets humains ne peuvent rien hélas.

Tu as noblement accompli ta tâche ici-bas ; c'est ton exemple qui me guidera désormais et m'aidera à accomplir la mienne auprès de notre enfant que tu as laissé à ma sollicitude.

Je lui dirai de suivre dans la vie la vraie voie, celle que tu as librement choisie. Je lui enseignerai les dogmes de notre commune religion, celle que tu as si bien pratiquée en te dépensant sans compter au chevet de tes malades, en aimant ton prochain et en apportant partout avec toi la confiance et le calme bonheur.

Dors, dors en paix, chère compagne. Ta religion est la vraie, car elle ne comporte que des prescriptions naturelles de la conscience et non des commandements d'un Dieu Mystique et Inconnu,

PREMIÈRE PARTIE

Que de siècles s'écoulèrent depuis la création des mondes !

Que de changements dans la vie intellectuelle de l'homme, que de progrès, que d'inventions !... Une chose, cependant, semble vouloir défier l'évolution universelle ; elle reste à peu près immuable. C'est l'Idée de la Divinité, idée qui accompagne l'humanité depuis son berceau jusqu'à nos jours.

Une forme d'adoration laissa sa place à une autre, l'ancienne conception à la nouvelle, mais la base même, l'idée directrice, resta toujours telle, qu'elle était depuis la plus haute antiquité.

Elle est fort simple et peut se résumer dans ces quelques mots : *La Sagesse gouvernant les mondes, C'est Dieu.*

Dans les temps reculés, où l'homme se trouvait encore à la période de culture plus que rudimentaire, son cerveau, mal équilibré, ne comprenait pas la possibilité d'une existence sans force dirigeante. Les assises mouvantes de sa pauvre psychologie réclamaient un appui solide, capable de maintenir son équilibre moral : et ceci ne pouvait, évidemment, être réalisé que par la crainte et voici pourquoi.

Habitant les cavernes et les forêts séculaires, l'homme

primitif connaissait déjà la force extraordinaire du tapir, du mammouth et d'autres maîtres de l'inextricable forêt, dont il redoutait l'approche ne se sentant pas assez fort pour la lutte. Il s'était donc habitué à la pensée que le *Respect* se formulait dans la *Crainte* devant la *Force*.

Nous en voyons la confirmation dans l'histoire de l'ancienne Grèce et de Rome où la beauté de l'homme était sa force. Et puis, faut-il le dire, dans notre siècle de « progrès » et « d'épanouissement » il n'est pas rare du tout de voir la dernière parole à la force et non à la raison ou à la logique. Souvenons-nous combien de gens appartenant, pour ainsi dire, à l'élite de la société, s'extasiaient, avant la guerre, devant les hauts faits des maîtres boxeurs ou lutteurs.

Ainsi donc, pour que l'homme et *à fortiori*, l'homme primitif respectât quelqu'un ou quelque chose, il fallait que ce quelqu'un possédât une force remarquable.

Ceci s'exprime d'ailleurs par la formule classique des croyances actuelles : *Le commencement de la Sagesse, c'est la Crainte de Dieu.* Et voici la jeune humanité qui se prosterne devant le tonnerre, la foudre, devant tout ce qui est force et surtout force mystérieuse que son faible cerveau se refuse à comprendre.

On construit des temples, on y installe des idoles, personnifiant les forces de la nature, on les adore, on brûle en leur faveur des holocaustes fumants et on cherche auprès d'eux, aide et protection contre les mauvais esprits.

Fait caractéristique à noter, en passant. Le cerveau humain ne pouvait concevoir la divinité sans lui prêter la forme humaine et ce qui plus est, sans les doter des faiblesses et des qualités humaines.

Cette manière d'interpréter la divinité — et pour lui donner son vrai nom, — cet animisme constitue, encore de nos jours, le fond de notre psychologie, sans que nous nous en apercevions.

L'animisme est inné dans la nature humaine et bien souvent nous parlons de la « Marche » des événements, de la « Grandeur » d'âme, etc., en supposant ainsi aux choses abstraites des propriétés physiques, dont nous sommes doués nous-mêmes.

L'explication classique disant que « Dieu a fait l'homme à son image » se trouverait, par conséquent, complètement confirmée, à condition que l'on veuille rapprocher les choses de la réalité en disant que l'homme a créé Dieu à son image.

L'animisme joue un rôle prépondérant dans les religions actuelles des peuplades sauvages et il n'est pas rare (d'après les rapports des explorateurs) d'entendre les Peaux Rouges, expliquer par exemple que l'eau de la rivière est vivante, son mouvement étant dû à « l'esprit de l'eau », de même qu'il existe un « esprit de l'air » dont la manifestation se traduit par le vent ou par l'ouragan suivant que « l'esprit » est plus ou moins bien disposé à l'égard de l'homme.

L'animisme peut être considéré, sans contredit, comme étant le point de départ de toutes les religions, quelles qu'elles soient.

C'est à cette époque qu'il faut rapporter l'apparition de la caste des prêtres qui se forma d'individus, dont l'intelligence était de beaucoup supérieure à celle de la masse. Ils comprirent assez facilement que le métier de prêtre pourrait devenir très brillant au point de vue matériel et économique et leur permettrait de dominer en chefs, leurs sauvages confrères.

Les prêtres, en effet, sans participer aux travaux pénibles, dont ils étaient exempts, participaient néanmoins aux partages des butins ramassés par d'autres,

Pour conserver l'esprit de servitude passive dans la masse, ils ne se lassaient pas de terroriser leurs ouailles, de leur parler de la vengeance des dieux, dont ils étaient les représentants sur terre.

Il est facile de comprendre que pour rendre plus conciliante la divinité outrée (très irritable, entre nous soit dit), il fallait des dons, des cadeaux, des sacrifices, encore et toujours. Nous sommes enclins à croire que du prêtre et du dieu, ce n'est pas toujours ce dernier qui en profitait le plus.

Mais à côté du charlatanisme incontestable, nécessaire pour raffermir leur autorité, les prêtres employaient tous leurs loisirs (et ce n'est pas cela qui leur manquait) à étudier les propriétés des plantes, à composer des mixtures et à soigner leurs frères. Quelques-uns d'entre eux s'étaient même transformés en une catégorie de prêtres spéciaux, dits magiciens, dont la science était assez solide et qui ne s'occupaient que de la médecine.

Dans bien des cas, lorsque la maladie n'était qu'imaginaire ils savaient même recourir à une suggestion peu banale. C'est ainsi qu'ils introduisaient dans leur bouche des vers, des insectes, etc., et suçant l'endroit malade ils crachaient toute la cargaison de vermine, et le client, après avoir tué « la cause » de son mal, s'en allait content, joyeux et... guéri.

Cet état de choses dura pendant bien des siècles.

Mais « tempora mutantur et nos mutamur in illis ». Les temps changent et l'homme les suit. Son cerveau s'affermissait, ses idées s'éclaircissaient et il finit par trouver le mot de l'énigme de bien des choses, dans l'ambiance desquelles il vivait. Il comprit et expliqua le tonnerre, la foudre et autres manifestations naturelles.

Et dès que la baguette magique de la science eût touché au mystère, ce dernier s'illumina et flamba d'une lueur tellement vive que l'idée de la divinité, ayant toujours eu pour habitude de se cacher derrière le sombre rideau de l'*Inexplicable*, cessa d'être mystère, cessa de vivre.

La divinité s'était donc vue dans la triste obligation de déserterles autels trop éclairés et de chercher ailleurs un refuge sûr et inviolable.

Les représentants de la force divine comprirent sans peine que tout ce qui pourrait être expliqué ne saurait jamais être adoré. Ne voulant, cependant, pas abandonner leurs places et voir s'écouler à jamais leur prestige, ils prirent la résolution de créer un autre dieu, inaccessible aux sens, et de le placer dans les régions éthérées, où l'œil perspicace de l'homme ne puisse pénétrer.

Dieu fut donc créé des fils invisibles de l'*Abstrait* et placé dans les hauteurs impénétrables de l'*Infini*.

Cette nouvelle formule de Dieu-Esprit trouva des adeptes, dont Abraham fut l'un des premiers, et qui, plus tard, forma un peuple spécial, les Hébreux.

Après maintes et maintes hésitations, après bon nombre de rechutes vers l'idolâtrie, ce peuple se trouva réuni sous la conduite de Moïse, et sortit de l'Egypte, après plus de deux siècles d'esclavage. Et sur le mont Sinaï, Moïse esquissa devant ce peuple sauvage les premières notions d'une loi religieuse, stable et définie.

Homme d'une sagesse et d'une science vraiment remarquables, Moïse comprenait fort bien à quel troupeau de brutes il avait affaire et n'oubliait pas que seule la Peur ferait marcher son monde dans la voie que lui, Moïse, avait tracée. Aussi ne manquait-il pas les occasions de faire devant les faces ébahies de ses confrères, des tours de prestidigitation, de passe-passe, de tout ce qui pouvait frapper les cerveaux primitifs.

C'est ainsi que pour rendre potable l'eau amère d'une source il y jeta un arbre (une espèce de canne à sucre quelconque) et, oh miracle ! l'eau devint bonne. C'est Dieu qui l'a voulu, Dieu tout-puissant qu'il faut vénérer et craindre.

C'est ainsi également qu'il choisit son moment pour donner au peuple d'Israël les lois et les commandements de Dieu.

« Donnez-vous garde de monter sur la montagne et d'en toucher aucune extrémité ; quiconque touchera la montagne sera puni de mort. Aucune main ne la touchera, mais il sera certainement lapidé ou percé de flèches, soit bête, soit l'homme, il ne vivra point » (Exode, chap. XIX, versets 12-13).

. . . .

« Or, le mont Sinaï était tout en fumée, parce que l'Eternel y était descendu dans le feu ; et sa fumée montait comme la fumée d'une fournaise et toute la montagne tremblait fort » (Exode, XIX, 18).

Oh ! *Sancta simplicitas !* Quel coup de théâtre, tout de même; quelle mise en scène grandiose et imposante que cette éruption volcanique avec quelques secousses sismiques. En effet, Monsieur Moïse, vous n'eussiez pu rêver moment plus opportun pour bien faire graver dans les esprits, les lois que Dieu vous a dictées. Tous nos compliments !

Quoiqu'il en soit, étant donné l'état d'esprit de ce peuple barbare, nous ne pouvons qu'admirer les lois de ce grand homme, tendant à améliorer, dans la mesure du possible, l'état primitif de la masse, à rehausser les quelques manifestations morales qui se trouvaient à l'état embryonnaire, dans ces âmes grossières et sauvages.

Respecter la vieillesse, aimer ses parents, ne plus

er, ne plus voler... et avec cela tout un code de méde-ne et d'hygiène.

Mais il savait aussi s'arrêter à temps et de ne point iger ce qui eût été profondément contraire à leurs œurs, à leurs caractères.

Œil pour œil, dent pour dent, le bien pour le bien, mal pour le mal. Un peu dur cela, mais ceux qui s'en onnent daignent se reporter au xxe siècle et nous dire, le peuple civilisé d'aujourd'hui comprend mieux l'a-our pour son prochain que ces barbares d'antan.

Quelques siècles plus tard, après de nouveaux revi-ments à l'idolâtrie et de retours au monothéisme, la oyance en Dieu Unique s'était définitivement affermie ez les Juifs et cela pour une cause très compréhen-ble.

Ayant perdu leurs territoires, chassés de partout, isérables, haletants, persécutés, endurant mille tor-res, ces malheureux plus que quiconque, avaient esoin d'un appui moral solide et cherchaient une force upérieure, en laquelle ils pourraient espérer.

Et plus ils souffraient, plus leur foi en Dieu devenait ébranlable. Pour s'expliquer l'injustice de leur triste ort, ils en arrivèrent, naturellement, à l'idée d'un Dieu e Vengeance qui les poursuivait, disaient-ils, pour urs péchés.

Ces idées devenaient d'autant plus possibles qu'ils se royaient toujours « le peuple d'élite », le peuple pré-éré de Dieu » et ce dernier, les ayant choisis parmi ous, voulait qu'ils fussent les meilleurs entre les meil-eurs et les châtiait, par conséquent plus sévèrement.

Pauvres hallucinés ! N'est-ce pas vous qui avez créé e proverbe : Qui aime bien châtie bien ! (Drôle d'amour quand même).

Le monothéisme donc ne faisait que croître et embellir, sans changements appréciables, jusqu'au moment où Jésus-Christ vint apporter des modifications profondes aux dogmes d'Israël.

Nous ne pouvons pas admettre, à ce sujet, l'affirmation de E. Renan (*Vie de Jésus*) disant que Jésus « représente la rupture avec le judaïsme. En supposant que sa pensée à cet égard puisse prêter à quelque équivoque, la direction générale du christianisme après lui, n'en permet pas ».

Remarquons que Jésus était un nationaliste juif, très convaincu ; il aimait son peuple et ne détestait que les représentants officiels du judaïsme. Il recueillit, en effet, avec enthousiasme les cantiques du poète Daniel, chantant les hautes destinées des Hébreux. En ceci nous sommes parfaitement d'accord avec Renan.

Aucun équivoque, dont parle cet auteur, n'est pourtant possible. Non seulement la pensée du Maître, mais tous ses faits et gestes prouvent, plus que clairement, qu'il ne voyait qu'un but : la régénérescence de son peuple. Il ne discutait qu'avec les pharisiens juifs, il ne prêchait que pour le peuple juif, sans défendre, bien entendu, aux non-juifs de l'écouter et de le suivre.

Et voici les preuves.

Après la guérison du serviteur d'un centenier, il dit à ses élèves : « Je vous dis en vérité que je n'ai point trouvé une si grande foi, pas même en Israël. Aussi je vous dis que plusieurs viendront d'Orient et d'Occident et seront à table au royaume des cieux avec Abraham, Isaac et Jacob » (Mat., VIII, 10, 11).

Après la guérison du lépreux, il dit à celui-ci :

« Garde-toi de le dire à personne. Mais va-t'en, montre-toi au sacrificateur et offre le don que Moïse a ordonné » (Mat., VIII, 4).

En envoyant ses élèves, il leur donne les ordres suivants :

« N'allez point vers les gentils et n'entrez dans aucune ville des samaritains ; mais allez plutôt aux brebis de la maison d'Israël qui sont perdues » (Mat., X, 5, 6).

A la femme cananéenne, lui demandant de sauver sa fille, il répond : « Il n'est pas juste de prendre le pain *des enfants* pour le jeter aux *petits chiens*. Mais elle dit : Il est vrai, Seigneur, cependant les petits chiens mangent des miettes de la table de leurs Maîtres. Alors Jésus répondant, lui dit : O Femme, ta foi est grande : qu'il te soit fait, comme tu le désires » (Mat., XV, 24, 28).

Au riche jeune homme, lui demandant de définir les commandements à observer, il répond par les paroles de Moïse :

« Tu ne tueras point, tu ne commettras point d'adultère, tu ne déroberas, tu ne diras point de faux témoignage, honore ton père et ta mère, tu aimeras ton prochain comme toi-même. »

« J'ai observé » répond le jeune homme, « toutes ces choses-là, dès ma jeunesse. Que me manque-t-il encore ? Jésus lui dit : Si tu veux être parfait va, vends ce que tu as et le donne aux pauvres, et tu auras un trésor dans le ciel » (Mat., XIX, 18, 21).

Nous croyons que ces quelques exemples suffisent ; Ils démontrent suffisamment que, d'une part, Jésus ne vivait que pour son peuple et d'autre part qu'il n'a jamais rompu avec le judaïsme, si ce n'est avec le judaïsme officiel, qu'il a débarrassé de tout ce qui n'était pas strictement spirituel et divin.

Et c'est ici que nous partageons l'avis de Renan disant que « Jésus a proclamé le premier, la royauté de l'esprit » (tout au moins en matière de religion). Nous verrons plus tard jusqu'à quel point la doctrine essentiellement spirituelle et rigoureuse de Jésus fut appliquée par les hommes.

Quant à la remarque de M. Renan que la direction du christianisme après lui (après Jésus-Christ) ne permet pas d'équivoque au sujet de la rupture avec le judaïsme, nous ne voyons pas d'objection à faire sinon que cela ne démontre nullement que la rupture fût bien dans les vues de Jésus. Il serait inutile de dire que bien des choses, pour ne pas dire toutes, cessèrent d'être « après lui » ce qu'elles étaient « avec lui ».

Revenons, cependant, à Jésus.

Très intelligent, d'un esprit large, d'un cœur doux et d'une nature rêveuse, — tel était le nouveau réformateur de la religion israélite.

Sa douceur native ne s'accordait que trop péniblement aux violences et au despotisme de son siècle. Bon et miséricordieux lui-même, il rêvait d'amener toute l'humanité à la bonté et à la miséricorde.

Je le vois errant pensif et triste à travers les champs fleuris, sous les chaudes caresses du soleil, écoutant le gazouillement argentin des oiseaux, souriant amicalement aux épis dorés. Que la vie est douce, que la vie est belle!... et il voyait déjà dans son esprit, l'humanité entière se fondre dans l'harmonie de cette superbe nature, se donner toute à l'emprise de quiétude, de bonheur et de paix.

Faut-il dire que le niveau moral de ses contemporains n'était pas préparé pour la réception de telles doctrines ? Il nous suffirait pour cela, de nous reporter toujours à notre XX° siècle ; la réponse est là.

En lisant l'Evangile, nous ne nous lassons pas, il est vrai, d'admirer la beauté et la grandeur d'âme de ce profond penseur, de nous extasier devant les tableaux idéals qu'il trace avec tant d'amour, mais cela ne nous empêche pas, non plus, de rendre soufflet pour soufflet, injure pour injure. Le vieux refrain mosaïque est toujours aussi en vogue, qu'il était il y a plusieurs milliers d'années.

Œil pour œil, dent pour dent !...

Qu'y a-t-il donc d'étonnant à ce que les peuples de l'époque de Jésus fussent loin de saisir le sens des conceptions religieuses de Jésus, ordonnant de vaincre la force par la soumission, de tuer la haine par l'amour.

La plupart des disciples de Jésus s'étaient donnés corps et âme, à la nouvelle doctrine, attirés par le regard pur et convaincu du grand Maître, par sa parole douce et persuasive.

Qu'importent les misères, les persécutions et les douleurs d'ici-bas ! Là, dans le royaume céleste, dans le firmament bleu, règnent l'amour et la paix.

Reclus, dans son œuvre, *La Terre et les Hommes*, dit que l'homme primitif saisissait déjà le rythme de la musique. C'est ainsi que l'homme et le cheval, nous dit ce grand savant, sont très sensibles aux sons d'une marche qui trouve un écho particulier dans leurs sens auditifs.

Nous ajouterions presque que le rythme de la parole n'est pas autre chose qu'une sorte de musique. Un orateur doué, par l'inflexion de sa voix, par l'accélération ou la modération de la phase fait revivre à l'auditeur toutes les phases de son discours, fait trembler de terreur ou languir d'angoisse.

Tel orateur doué fut Jésus, avec cette différence, cependant, par comparaison avec un orateur de nos jours, qu'il n'avait point de préparation technique préalable, qu'il ne connaissait pas l'art de *composer* ses discours et ses tirades. C'était un orateur natif qui ne s'occupait guère des phrases à effet, mais qui gagnait les cœurs par l'absolue sincérité de ses convictions.

Jésus avait beaucoup d'admirateurs, d'admiratrices même et d'adeptes.

Tous, ils s'extasiaient, tous ils s'attendrissaient aux paroles d'amour et d'abnégation. Mais comprenaient-ils le sens, le fond même de sa doctrine ? Oh ! non, nullement.

L'idée du christianisme n'a jamais été comprise. La doctrine de Jésus n'a jamais été acceptée.

Nous en voyons la preuve chez l'apôtre Paul qui, dans ses discours s'exhaltait, écumait de rage, menaçait la foule de la géhenne et de la punition de Dieu.

Homme sanguin, à imagination exaltée, il s'irritait très facilement, oubliant que la jeune Eglise réclamait la douceur et la bonté de ses serviteurs. Dieu, comme synthèse de la nouvelle religion, n'était plus le Dieu de Vengeance, dont nous avons parlé plus haut, mais le Dieu de Miséricorde et de Pardon.

Il s'en trouvait dans le nombre quelques-uns (tel l'apôtre Pierre) qui comprenaient mieux le sens de la nouvelle conception religieuse, mais ce n'étaient que de rares exceptions, la plupart des adeptes suivant le Maître par *impulsion* plutôt que par *conviction*.

Et le christianisme resta depuis sa naissance et jusqu'à nos jours lettre morte, doctrine irréelle.

Et, à vrai dire, tant mieux pour l'humanité de n'avoir pas compris. La soumission passive, le ploiement continuel de l'échine sous l'autorité et le joug des tyrans n'est certainement pas ce que l'homme libre ait de mieux à faire. Nous avons hâte d'ajouter que nous parlons de l'homme tel qu'il était, tel qu'il est encore et tel qu'il sera pendant bien des siècles futurs. Nous l'appellerions volontiers « homme terrestre » en distinction de

« l'homme céleste » (de création à venir) qui seul, serait capable d'assimiler les préceptes de Christ.

Vouloir enlever à l'homme (terrestre) son orgueil, c'est le réduire à sa plus simple expression, c'est l'annihiler. Son orgueil, au contraire, le fait grandir, le fait chercher. C'est l'orgueil qui est le gage certain de nos progrès, tandis que l'effacement prêché par Jésus poussait les masses à la servitude et aux chaînes.

Entendons-nous bien, cependant. La critique que nous nous permettons sur les actions du Christ pourrait conduire le lecteur à des conclusions fausses. Nous tenons absolument à éclairer cette question une fois pour toutes.

Nous accordons toute sa valeur à la belle doctrine de Jésus et verrons plus tard que l'amour pour son prochain, le dévouement désintéressé et la bonté sont pour nous les lignes de conduite de l'humanité future. Mais nous ne croyons pas qu'il soit nécessaire de voir en Jésus le « fils de Dieu » au sens strict du mot.

Homme de génie, mais homme quand même, il avait ses faiblesses et ses faux pas, comme tout être humain.

Nous avons eu le plaisir de relire dernièrement l'édition populaire de « Jésus-Christ » par M. A. Gratry, Prêtre de l'Oratoire et professeur en Sorbonne.

Nous ne cacherons point que ce livre nous a vivement impressionné par son style simple et prenant, par l'érudition profonde et par l'esprit critique loyal et sincère.

Nous reviendrons souvent à cet ouvrage et verrons que notre propre raisonnement ne diffère guère de celui de M. Gratry. Les conclusions seules nous conduisent aux pôles opposés.

Moïse, Socrate, Aristote furent, tout comme Jésus, des hommes d'essence supérieure, *divine*, sans avoir jamais été pour cela des *divinités* proprement dites. Nous ne voyons pas la nécessité de créer des légendes, d'entourer la vie des hommes du voile de mystère, où l'esprit humain ne fait que trébucher et qui conduit fatalement au mysticisme et de là à l'absurdité.

« Rien n'est beau que le vrai » ainsi cite M. Gratry l'antique formule philosophique. D'accord !

Or, pour voir la vérité, M. Gratry conseille de s'adresser directement à la nature et non aux livres. Encore une fois d'accord.

Et voici la conclusion où nous ne sommes plus d'accord.

Puisqu'il n'y a rien de plus naturel que la nature et puisque dans la nature seule il faut chercher le vrai, *le vrai* ne peut donc être que *naturel*. Autrement dit, rien n'est vrai que le naturel, rien n'est naturel que le vrai.

Toutes les manifestations vitales quelles qu'elles soient et quelque mystérieuses qu'elles puissent paraître, sont, tout d'abord *naturelles*. Pas de place au surnaturalisme qui n'est autre chose que *le naturel non défini par l'état actuel de la Science* ; ni plus, ni moins.

Et, si M. Gratry voulait se donner la peine de poursuivre logiquement son raisonnement, il serait certainement arrivé à ces conclusions.

Nous irons plus loin encore. Ni Jésus, ni Dieu lui-même ne font exception à la règle générale. Le premier est un homme remarquable, réel et naturel, le second est une Force puissante réelle et naturelle. M. Gratry nous dit aussi à la page VIII de la préface :

« Notre sort est bien dur, mais avant Jésus-Christ, le travailleur était esclave ; son travail était à son maître... »

« ... N'oublions pas ce progrès, ou plutôt cette révolution, qui sépare le monde ancien et le monde nouveau ».

Oui, n'oublions pas ce progrès ou plutôt cette révolution, mais n'oublions pas non plus que ce progrès est justement dû à la Révolution et non pas à la Religion. Les seigneurs qui opprimaient le peuple (« les vilains », suivant leur expression pittoresque) étaient tous des croyants et n'oubliaient pas, ou fort rarement, de faire leurs dévotions ; ils n'oublaient qu'une chose : c'est que leurs serviteurs étaient des humains et non pas un vil troupeau de bêtes de somme.

Nous répétons donc que le renoncement, l'effacement et la soumission, dans l'état actuel de l'esprit et à plus forte raison dans l'antiquité, ne pouvaient que pousser les masses à l'esclavage et non à la liberté.

Renoncement ! Effacement !... Et pourquoi alors oublia-t-il de suivre son programme ? Pourquoi n'a-t-il pas choisi la mort humble et effacée de Socrate ? N'est-ce pas de l'orgueil que de vouloir imposer un souvenir impérissable de sa mort ? Et le rachat de l'humanité par le sacrifice de sa vie ? Et les affirmations de l'infaillibilité de ses paroles ?

« Cette génération ne passera point que toutes ces choses n'arrivent. Le ciel et la terre passeront, mais mes paroles ne passeront point » (Matt. XXIV, 34/35).

Heureusement pour l'humanité, « toutes ces choses » (cataclysmes, tremblements, ébranlement des cieux, etc...) n'arrivèrent pas, jusqu'à présent du moins.

« Je veux la miséricorde et non le sacrifice » (Mat. XII 7 disait-il, et, ayant oublié que le sacrifice était contraire aux volontés de Dieu, il dit à ses élèves en leur donnant du pain et du vin :

« Ceci (le pain) est mon corps qui est donné pour vous et cette coupe (de vin) est la nouvelle alliance en mon sang qui est répandu pour vous » (Luc. XXII, 19/20).

Non seulement du sacrifice, mais du sacrifice orgueilleux, cher Maître !

Quant au moyen de propagande, toujours la vieille chanson mosaïque, les mêmes moyens de suggestion ; les mêmes affirmations que Dieu seul parle, et que lui, il n'est que le porte-parole des volontés suprêmes.

Ses miracles ! Mais que faut-il de plus pour guérir si ce n'est de la foi absolue. Or, la foule, préparée par ses disciples, était toute prête à recevoir la parole du Maître.

Voici d'ailleurs une brillante confirmation à cette assertion.

A la page 86, M. Gratry nous dit :

« M. Ewald est à mes yeux un grand et vrai peintre d'histoire, et d'histoire religieuse. Le tableau qu'il trace de la vie et de la figure de Notre-Seigneur Jésus-Christ est une des plus belles choses qui aient été écrites dans notre siècle..... » « ... M. Ewald n'est pas des nôtres. Mais il aime Jésus-Christ de tout son cœur, etc.... »

M. Gratry envoie ensuite à l'œuvre de M. Ewald, *Histoire du Christ* et notamment aux pages où est peinte « la noble image qu'un esprit droit (de M. Ewald) éclairé par la science la plus profonde et la plus riche a tracée de notre divin modèle. »

Voici les fragments de ces pages, de *l'Histoire du Christ* citées par M. Gratry.

« Puis, lui aussi demandait avant tout à tous ceux qu'il allait secourir la foi dans la présence réelle du royaume de Dieu et dans la force et la vertu de Dieu. Il ne voulait et ne pouvait guérir que lorsqu'il trouvait une telle foi... » « Et quels efforts ne devenaient possibles lorsque sa haute et puissante foi rencontrait celle des âmes qui voyaient en lui le Messie ?... »

M. Gratry appelle ces pages de M. Ewald « un consommé scientifique de philosophie vraie, de philologie, de psychologie profonde » et dit même que « la force de la vérité, la beauté de l'esprit y éclatent » (p. 110).

Fort bien ! Nous ne voyons rien à y ajouter, sinon que la logique se venge cruellement, car elle conduit l'auteur, sans qu'il s'en aperçoive, à admettre la possibilité des miracles sans participation d'aucune force surnaturelle ou divine. C'est justement ce que nous venons de dire nous-mêmes : la foi seule faisait des miracles et non la divinité du Christ. Et, en effet : « Un prophète n'est méprisé que dans son pays et dans sa maison. Et il ne fit là que peu de miracles à cause de leur incrédulité » nous confesse naïvement saint Mathieu (Mat., XIII, 58).

Un autre passage est également digne d'être cité :

« Et quand il fut arrivé à la maison, ces aveugles vinrent à lui et Jésus leur dit » : Croyez-vous que je puisse faire cela ? Ils lui répondirent : oui, Seigneur. Alors, il leur toucha les yeux en leur disant : « Qu'il vous soit fait selon votre foi. Et leurs yeux furent ouverts » (Mat., IX, 28, 29).

Les commentaires sont presque inutiles. Jésus commença par s'enquérir de l'état de leur foi ; celle-ci fut grande, tant mieux pour les aveugles. Nous les plaindrions, cependant, si leurs nerfs optiques étaient réellement atteints de lésions organiques, car si grande qu'eût été leur foi...

Quoi qu'il en soit, l'autorité de Jésus grandissait et le flot de ses admirateurs grossissait de jour en jour.

Les prêtres juifs ne pouvaient, certainement, pas admettre cet état de choses, cette désertion en masse des croyances mosaïques, dont ils étaient les gardiens. Et nous trouvons cela très naturel de leur part, étant donné que tous les représentants des idées religieuses, quelles qu'elles soient, ont toujours été des sectaires fanatiques à cerveau étroit, suivant la loi à la lettre et ne s'occupant guère de son vrai sens.

Les prêtres juifs, donc, ne firent nullement exception à la règle générale, et décidèrent de prononcer l'arrêt de mort contre leur corréligionnaire « failli », prêchant au peuple d'israël des idées s'écartant des prescriptions de Moïse.

Cet arrêt, prononcé par le prêtre général Gafaffa (qui avait le droit de jugement sur ses coréligionnaires en Judée) fut signé ensuite par le sénateur Ponce-Pilate, gouverneur de la Judée, et le pauvre rêveur, dont la seule faute était de vivre une cinquantaine de siècles avant son époque, fut crucifié.

Nous sommes presque certain que s'il s'était trouvé, par hasard en Russie, pendant le règne de Nicolas II, il eût été condamné, de nouveau, à mort, comme tant d'autres, pour « les idées pernicieuses, menant à la perdition du régime autocrate existant. »

Le triste fait s'accomplit.

Sa fin était en effet, une très triste chose, mais hélas, très naturelle aussi, comme le fut la mort de Johann Huss, le célèbre réformateur tchèque, brûlé vif par le haut clergé tyrannique et absurde ; comme le fut aussi la mort de Jérôme de Prague, disciple et ami de Huss, brûlé vif à Constance en 1416.

Nous pourrions multiplier à l'infini, des exemples de cette sorte.

La beauté et la pureté des conceptions religieuses du Christ continuaient, cependant à charmer les âmes enfantines du peuple.

L'image de tout homme, persécuté pour l'Idée, ouve toujours de la compassion dans les cœurs des pressés. Tel fut aussi le cas de Jésus. La compassion était, petit à petit, transformée en admiration, puis en doration et le Christ devint dans l'esprit de la masse homme d'un ordre supérieur, puis l'homme divin et nfin Divinité sous forme d'homme.

Le mythe de sa résurrection devenait chose réelle et ontribuait pour beaucoup à la justification de cette dée.

Or, qu'était-ce au juste que sa résurrection ? Une hisoire fort obscure et mal établie. Ses disciples, seuls de ui nous tenons la description de la vie de Jésus, nous onfessent qu'aucun d'eux ne fut témoin oculaire de la hose.

Remarquons que dans l'ancienne Grèce on adorait es divinités sous forme d'animaux sacrés. Ces animaux taient sacrifiés par les prêtres au bout de l'année et le euple se réunissait pour pleurer la mort de Dieu. Quelques jours après on se réunissait à nouveau pour élébrer la résurrection de Dieu (c'est-à-dire l'inauguation d'un nouvel animal sacré qui devenait l'incarnaion de la divinité pendant la nouvelle année).

Laissons la conclusion du rapprochement des faits à 'auteur de l'Orpheus.

« Quand on rapproche ces faits (dit Salomon Reinach) « de ce qui se passe en Europe entre le Vendredi Saint « et le Dimanche de Pâques, on comprend que la notion « d'un dieu mort et ressuscité ait d'autant plus facile- « ment trouvé créance qu'elle était très répandue dans « les couches inférieures de la Société. On comprend « aussi l'idée de la manducation du dieu, de l'union « mystique des fidèles au dieu par la communion, — « toutes choses qui, dans le christianisme de nos jours,

« ne sont que des survivances épurées des plus anciens
« rites totémiques, des pratiques théophagiques d'un
« lointain passé. »

Quoi d'étonnant à ce que la masse obscure ait accepté de suite la légende de la résurrection du Christ. La rumeur populaire, s'accommodant facilement de choses surnaturelles, s'empressa donc de conférer à Jésus le sceptre de la divinité.

Mais pour bien faire, il fallait expliquer encore pas mal de choses prouvant trop clairement les origines terrestres du Maître.

C'est ainsi qu'en fouillant la généalogie du Christ, on se heurta à une constatation fort désagréable. Jésus n'était pas le fils de son père légal, Joseph.

Mais qui pouvait donc être père d'un si grand homme si ce n'est Dieu lui-même. Et puis, dans ses discours, Jésus recourait volontiers au nom de Fils de Père Céleste, qu'il s'attribuait pour bien faire voir à la masse, quelle importance il ajoutait à l'alliance spirituelle complète avec le Créateur. Son lange imagé et parabolique devint, petit à petit, vérité incontestable et le mythe du Saint-Esprit fit son apparition.

D'autre part, l'incertitude au sujet du père ne pouvait aucunement s'appliquer à la mère que tout le monde connaissait. Eh, bien ! qu'à cela ne tienne ! C'est donc Dieu qui fut père et qui a fait concevoir à Marie le produit... de sa toute-puissance.

Il est très possible que la mythologie grecque, dans toute sa splendeur à cette époque, n'ait pas été étrangère à cette manière d'expliquer les choses. N'y voit-on pas, à chaque instant, des cas analogues, d'enfants conçus entre une divinité et une femme mortelle ?

Mais l'homme tant soit peu raisonneur ne se contentera pas beaucoup de cette explication. En quoi est-il donc saint cet esprit céleste s'il s'occupe de choses... aussi peu saintes? Ne pouvait-il créer un homme sans intervention de la femme? Cela rappelle trop l'histoire éternelle des mamans disant à leurs petits qu'ils furent trouvés dans un chou. L'enfant croira peut-être, comme le crut d'ailleurs, cet autre enfant, ce peuple primitif.

Il faut dire aussi que l'idée de la naissance miraculeuse du Christ ne fit son apparition que bien après sa mort.

Le texte de l'ancien Testament qui a contribué le plus à cette idée est celui d'Isaïe (7,14) qui prédit qu'une vierge enfantera Emmanuel.

Mais le mot « vierge » est une mauvaise traduction du mot « almah » qui signifie en hébreu « jeune femme ».

« Dès le IIe siècle les juifs s'en aperçurent et le signalèrent aux grecs, mais l'Eglise sciemment, préfère mal comprendre ce passage » nous dit à ce sujet, S. Reinach, auteur de l'*Orpheus*.

Voici ce qu'on peut tirer du *Talmud*, concernant la naissance du Christ.

Jésus est appelé dans le *Talmud* : « Jeschua ben Pandéra » (Jésus, fils de Pandéra). Dans le traité Sabbath, verset 1046 il est question d'une polémique de Rabbi Chasda où ce dernier annonce que le père légal de Jésus était Joseph Stada et le père réel, l'amant de Marie s'appelait Pandéra.

On répond à Rabbi Chasda que Stada était le surnom de Marie et non pas le nom de Joseph. Le sobriquet « Stada » voudrait dire en idiome babylonien « femme faillie », « femme infidèle ».

Nous donnons ces renseignements sous toutes réserves, Rabbi Chasda étant mort vers la fin du IIIe siècle;

il était donc bien difficile de rétablir, à cette époque, la généalogie exacte du Christ.

Toujours est-il que Jésus n'aimait pas sa mère et la traitait durement. Les paroles suivantes rapportées par l'évangile, ne laissent pas d'équivoque à ce sujet.

« Qui est ma mère et qui sont mes frères » répond le maître à ceux qui lui annoncent l'arrivée de sa famille (Mat., XII, 48).

« Femme qu'y a-t-il entre moi et toi », dit-il à sa mère lorsque celle-ci, voyant que les gens de la noce de Cana manquaient de vin en fit part à son fils (Jean, II, 3,4).

Ernest Renan ne voit dans ces actes de Jésus que le désintéressement des choses d'ici-bas, désintéressement accepter jusqu'à la méconnaissance des liens de famille. Malgré toute notre bonne volonté nous ne pouvons épouser de telles déductions, diamétralement opposées à la nature du Grand-Maître. Foncièrement bon, doux et aimant, Jésus n'aurait pu, sans causes majeures, dédaigner à ce point, ses parents les plus proches.

Un fait à noter en passant. L'évangile essayait à tout prix de prouver la parenté de Jésus avec David, afin de confirmer les prédictions des prophètes d'Israël. Cette descendance de la souche de David à été introduite dans l'Evangile, quoiqu'on dise, bien après la mort de Jésus.

Il suffit de lire les deux généalogies données par les évangiles de Mathieu et de Luc pour ne plus conserver de doute à ce sujet. Ces deux évangélistes s'y prennent d'une façon bien maladroite et tandis que le premier prétend que Jésus était le fils de Joseph qui à son tour était le fils de Jacob, fils de Mathat, fils d'Eléazar, etc..., Luc nous dit que Jésus était le fils de Joseph, qui était le fils de Héli, fils de Mathat, fils de Lévi, fils de Melchi, etc. ;

De sorte que suivant Mathieu, Joseph avait pour père un nommé Jacob et suivant Luc, ce même Joseph avait pour père Héli. La suite de cette généalogie est à l'avenant et nous y renvoyons le lecteur (Mat., I, 1-16 et Luc, III, 23-38). Ce qui est le plus beau, c'est que finalement par le jeu d'un inexplicable hasard, toutes ces gens de noms différents viennent aboutir à David.

La manie d'accorder à Jésus la provenance de la souche David est d'autant moins explicable que Jésus lui-même s'en défendait.

Il disait (à en croire les évangélistes) : « Comment les scribes disent-ils que le Christ est le fils de David? car David à dit par le Saint-Esprit..., etc. (Marc, XII, 35).

Voilà pour la généalogie.

Les idées chrétiennes (nous voulons dire les idées de Christ) continuaient à se développer, tout en restant toujours lettre morte et ne pouvant toujours pas s'adapter aux besoins de la vie réelle.

La nouvelle doctrine créait des discordances de plus en plus graves et les représentants du christianisme, désireux d'accorder, dans la mesure du possible, les dogmes de la jeune croyance aux exigences de la vie, ne firent que s'embrouiller si bien et si profondément que de nouvelles écoles chrétiennes vinrent se greffer sur l'ancienne et petit à petit, plusieurs formes de christianisme prirent naissance.

Des partisans et des adeptes se rallièrent autour de chacun des nouveaux conducteurs, des groupes différents se formèrent, se haïssant et se persécutant mutuellement.

C'est au nom du Christ que la camarilla espagnole institua la Sainte Inquisition (et combien sainte !)

C'est au nom du Christ que les saints Pères brûlaient vifs tous ceux qui avaient le malheur de leur déplaire.

C'est au nom du Christ que les Croisés pillèrent et massacrèrent les musulmans et les juifs.

C'est toujours au nom du Christ qu'eut lieu cette « glorieuse épopée » dite la nuit de Saint-Barthélemy, cet immonde carnage préparé dès le 28 mars 1569 par le Pape Pie V qui écrivait à Charles IX :

« Poursuivez et abattez tout ce qui vous reste d'ennemis. Si vous n'arrachez les dernières racines du mal elles repousseront comme elles l'ont déjà fait tant de fois » ;

Pendant le massacre, le 24 août, le nonce Salviati écrivait au pape : « Je me réjouis avec votre Sainteté de ce que le roi et la reine ont pu exterminer ces races empoisonnées. »

Le pape Grégoire XIII célébra une cérémonie religieuse pour la très heureuse nouvelle de la destruction de la Secte Huguenote.

Le pape a ensuite envoyé au roi une rose d'or en récompense à ce roi assassin pour le zèle déployé dans la destruction de ses sujets.

« Aimez-vous les uns les autres !...

« Mon royaume n'est pas de ce monde...

« Quiconque entend mes paroles et ne les met pas en pratique est un homme insensé qui a bâti sa maison sur le sable »...

Toutes nos félicitations, Messieurs les conducteurs de l'idée chrétienne ! Vous avez très bien compris et encore mieux assimilé les dogmes de votre Maître.

Depuis la naissance de la religion chrétienne et jusqu'à nos jours, la haine seule fut votre ligne de conduite.

Et ce n'est pas tout. Les représentants de chaque forme de christianisme, non contents de s'entre-dévorer entre eux, reportèrent toute leur férocité sur ceux qui avaient le malheur de ne pas interpréter Dieu à leur façon.

Juifs, mahométans, bouddhistes, etc..., ont toujours été l'objet principal de leurs soucis et de leurs persécutions.

La voilà bien la raison d'être des religions.

Il y a quelques temps, nous avons pu admirer l'astuce d'un fervent adepte du catholicisme, M. Monniot qui, dans son ouvrage *Crime rituel chez les Juifs*, tendait à prouver que le fait de l'emploi par les juifs du sang chrétien est indéniable.

« Le livre de M. Monniot », nous dit M. Trilles qui s'est chargé de présenter l'intéressant ouvrage au public « est un livre consciencieux, clair, documenté. La réfutation en sera si difficile que »... (Ici, M. Trilles, arrivé probablement au paroxysme, au summum d'argumentation, ne trouve plus rien à ajouter).

Nous ne nous abaisserons pas à discuter la valeur de cet ouvrage.

Qu'il nous soit permis de faire remarquer à ces Messieurs que nous avons étudié de bien plus près, qu'ils ne le firent eux-mêmes, toutes les religions en général et celle des juifs en particulier, et nous ne voyons rien à ajouter aux paroles de Moïse *qui restent toujours en vigueur*.

« Car l'âme de toute chair est dans son sang : il lui tient lieu d'âme. C'est pourquoi j'ai dit aux enfants d'Israël : Vous ne mangerez point le sang d'aucune chair (pas plus de celle des chrétiens que d'une autre, messieurs) car l'âme de toute chair est son sang ; quiconque en mangera sera retranché » (Lévitique, XVII, 14).

En effet les juifs (nous parlons des juifs croyants, car les autres ne peuvent aucunement être accusés de pratiquer les prescriptions de leur religion) ; les juifs croyants donc, ne mangent *jamais* de viande sans préparation préalable. Ils saupoudrent la viande d'une grosse couche de sel qui s'imbibe de sang, se trouvant dans les profondeurs des muscles. Au bout de trois quarts d'heure ou d'une heure le sel rougi par le sang est lavé à grande eau. La viande, ainsi préparée perd, bien entendu, toute sa saveur, *mais il n'est pas permis aux pratiquants* de la préparer autrement.

De deux choses l'une : ou bien ces messieurs ne savent point ce qu'ils avancent, et dans ce cas, il nous semble, ils feraient bien mieux de s'occuper des choses qui seraient plus à la portée de leurs connaissances ; ou bien (et cette dernière hypothèse nous paraît plus probable) ils cherchent sciemment à entretenir la haine des races, la haine de l'homme contre l'homme et ceci à n'importe quel prix, même en avançant des choses qui ne tiennent pas debout.

Or, cela a un nom, messieurs, que nous nous dispensons volontiers de rappeler ici.

Ainsi donc, la fin justifie toujours les moyens ?

Oh ! dignes serviteurs de l'illustre Ignace Loyola !

Il serait intéressant de noter qu'entre toutes les formes de christianisme, le catholicisme seul a poussé son ardeur religieuse *ad absurdum* jusqu'à ne plus reconnaître à Marie aucun autre enfant que Jésus. Il avait cependant des frères, dont les noms sont connus (Jacques Joses, Simon et Jude) ainsi que des sœurs, dont l'histoire ne s'occupe que fort peu.

« N'est-ce pas le fils du charpentier ? Sa mère ne s'appelle-t elle pas Marie ? Et ses frères, Jacques, Joses, Simon et Jude ? Et ses sœurs ne sont-elles pas toutes parmi nous ? » (Matt. XIII, 55-56).

La religion catholique s'est très bien accommodée de

la phrase de Jésus : « Qui est ma Mère et qui sont mes frères » en ayant soin de remplacer le mot « frères » par le mot « proches ». Comme explication à cette substitution on nous sert, il est vrai, le passage de Mathieu, XXVII, 56 où il est dit : « Marie, mère de Jacques et de Joseph » ainsi que : « La sœur de sa mère, Marie, femme de Cleophas (Jean, XIX, 25). Il s'ensuit donc que Marie, mère de Jésus avait une sœur qui s'appelait également Marie et qui avait comme fils Jacques et Joseph. D'où conclusion : les quatre noms cités appartenaient aux cousins de Jésus et non à ses frères, donc Jésus était le fils Unique de Marie.

Mais que faites-vous, Messieurs, d'un autre passage de l'évangile que nous nous faisons un devoir de vous rappeler ? « Mais il (Joseph) ne la connut point jusqu'à ce qu'elle eût enfanté son fils premier-né et il lui donna le nom de Jésus » (Mat. 1, 25).

Il est évident, à moins qu'on veuille sciemment fermer les yeux que le mot « premier-né » implique l'idée d'un ou des « puînés ». Le passage cité de Mathieu ne laisse pas à supposer que Joseph se fût privé des charmes de sa femme durant toute sa vie ; tout ce qu'on peut conclure c'est que Jésus paraît être le prémier-né, mais non l'unique enfant de sa famille.

Mais l'Eglise catholique ne s'est pas arrêtée là. L'immuabilité des dogmes devint lettre morte depuis toutes sortes d'innovations des papes. Dès 1854, le pape Pie IX promulgua, en effet, le dogme nouveau de l'Immaculée Conception qui n'était jusque-là qu'une opinion libre. Une fois commencées, les innovations continuèrent leur chemin en éloignant de plus en plus la vieille religion de sa pureté évangélique.

« Où s'arrêteront ces innovations ? » se demande l'auteur de *l'Orpheus*. Et il se répond à lui-même en disant qu'en 1870 une nouvelle déclaration vint s'ajouter aux dogmes du catholicisme : c'est l'infaillibilité du pape. L'évolution religieuse du catholicisme s'arrêtera donc là où il plaira au pape.

Non contents de modifier, à chaque instant, les mots de l'Evangile et mêmes les dogmes, les représentants du catholicisme résolurent de pousser plus loin encore et finirent par prétendre que seule la religion catholique a droit au nom de « religion vraie » (excusez du peu) toutes les autres croyances n'étant que des « ramassis d'erreurs et de corruption ».

La prétention est un peu forte... mais les preuves le sont bien moins, hélas. Les voici d'ailleurs.

Nous ne nous arrêterons pas longtemps aux preuves historiques et expérimentales, où ces messieurs oublient trop facilement que le *catholicisme* n'est pas synonyme du *christianisme*, ce dernier étant un terme général, enveloppant *toutes* les formes des religions chrétiennes.

L'affirmation que « la religion chrétienne et catholique a transformé le monde païen et elle produit depuis dix-neuf siècles les actes les plus admirables »... s'appliquerait plutôt au christianisme en général, et non pas au catholicisme seul, qui n'existe, certainement pas depuis dix-neuf siècles, car il n'a pris naissance que depuis le deuxième siècle après Jésus-Christ.

D'autre part : « La religion chrétienne et catholique n'ordonne que le bien, elle ne condamne que le mal »... constitue le fond de *toutes* les religions quelles qu'elles soient et non seulement le fond du catholicisme. Nous ne voyons, vraiment pas, en tout ceci, pourquoi la divinité de la religion serait l'exclusif privilège du catholicisme.

En effet, les prescriptions fondamentales de toutes

les religions tendent, dans la mesure du possible, à l'amélioration de l'homme. La devise : « Aimez-vous les uns les autres » reste toujours la base des croyances, les plus diverses, malgré la contradiction *apparente* que présentent les permissions de venger les insultes et les outrages chez les juifs et les mahométans. Il ne faut voir dans cette concession que la nécessité; où se trouvaient les fondateurs, d'accorder les rigorismes des dogmes religieux avec les esprits plutôt sauvages de la masse.

Jésus seul ne voulait tenir aucun compte des faiblesses humaines. Aussi, sa belle doctrine, si pure et si douce, n'a jamais pu voir le jour, jusqu'à présent du moins, et la définition des mots « religion chrétienne » veut dire plutôt « religion du Christ » que « religion des adeptes du Christ », car ceux-ci n'existent pour ainsi dire pas.

La dernière preuve de la divinité de la religion catholique est surtout palpitante. C'est la preuve par exclusion. Nous la reproduisons textuellement.

« Il ne peut y avoir qu'une religion vraie ou venant de Dieu parce que Dieu ne peut se contredire » (Voilà qui est bien entendu). « Or, cette religion vraie ne peut être une des religions en dehors du christianisme, ni le paganisme, ni le mahométisme, le bouddhisme ou la religion des Indes qui sont un ramassis d'erreurs, de contradictions et de corruptions. »

Mais tout cela ne nous dit pas beaucoup *pourquoi* la religion des Indes n'est qu'un ramassis d'erreurs. Voici ce que c'est que cette religion.

Les divinités y sont présentées sous trois formes : *Brahma*, *Vichou* et *Siva* qui plus tard se fusionnent en une seule. C'est la trinité (Trimoutri), dont Brahma est la divinité suprême.

Jusqu'à présent nous ne voyons pas pourquoi cette religion est plus erronée que le christianisme en général, qui reconnaît également la trinité. Serait-ce par hasard, ces noms barbares qui vous effraieraient tant, messieurs ? Eh, bien ! Admettez que Brahma veut dire « Père », Vichou « Fils » et Siva « Saint-Esprit » et n'en parlons plus.

Cet état de choses durait jusqu'à l'apparition de Bouddha.

Ce dernier, fils de roi, s'appelant de son vrai nom, Siddartha de Çakias, fut élevé par son père dans l'isolement complet, quoique luxueux, afin que le jeune prince ne connût rien des misères d'ici-bas.

Il arrive cependant, à s'échapper plusieurs fois du palais, et au cours de ses promenades il apprend l'existence de la maladie, de la vieillesse, de la mort.

Tiré brusquement de ses doux rêves où il ne voyait que bonheur, richesse, santé et vie, il devient triste, s'absorbe dans ses pensées et finit par dire : « Malheur à la santé que guette la maladie, malheur à la jeunesse que la vieillesse emporte, malheur à la vie qui est brisée par la mort. »

Il quitte son palais et se réfugie dans le désert (Çakias Mouni-soliteire de Çakias). Là, menant une vie pure et toute contemplative il arrive à l'idée d'une philosophie pessimiste, se résumant dans la résignation devant l'Inévitable, devant la Mort. Il perçoit très nettement toute l'horreur de cette mort qui vient vous arracher brusquement à la vie, qui est suspendue en épée de Damoclès au-dessus de toutes les têtes. L'humanité s'était, néanmoins, faite à cette idée et elle continue à vivre avec son mal, continue même à s'amuser, à s'étourdir dans le plaisir. Mais lui, Siddartha, ne pouvait pas admettre la possibilité de jouir de la vie ; la vision de la mort était à chaque instant là, lui rappelant que tout est vanité...

C'est ainsi qu'il en arriva à l'idée que cette vie stupide et dénuée de sens ne pouvait pas avoir pour créateur un Etre Supérieur et Intelligent, d'où conclusion que Dieu n'existe pas.

Sous le nom de Bouddha (sage) il prêche sa doctrine en ce sens et exhorte les masses à la résignation et à la vie exemplaire, faite d'abstinences et de jeûnes.

Après la mort, les gens ayant eu une vie pure, ayant aimé leurs frères, devaient entrer, d'après lui, dans le Nirvâna (qui, de l'avis des traducteurs de la langue sanscrite, veut dire : la quiétude, le repos absolu et non le néant, le non-être abstrait, comment le prétendent certains auteurs).

Bouddha admettait les pérégrinations de l'âme et disait que celle-ci traversait bien des stades, en s'incarnant dans les serpents, les bêtes, etc... jusqu'au moment où purifiée, elle méritait le repos et entrait dans le Nirvâna. Elle y restait pendant des siècles et ne quittait le Nirvâna que lorsqu'il lui fallait réintégrer de nouveau, le corps de l'homme.

La vie exemplaire seule, donnait droit à l'exemption des pérégrinations (de la métempsycose) et permettait à l'âme de rentrer directement dans le Nirvâna.

D'après ce qui précède, le boudhisme, proprement dit, n'est pas une *religion* mais un *système philosophique*. Nous oserions presque affirmer qu'il n'est pas très éloigné de la philosophie scientifique actuelle. Nous parlons du darwinisme qui nous trace la marche ascensionnelle de l'organisation animale, les transformations évolutives des êtres vivants. La métempsycose des hindous prévoit cette évolution des êtres, en prenant comme point de départ, l'homme et aboutissant après une longue série de transformations, toujours à l'homme. C'est pour ainsi dire (que l'on nous passe cette expression) une sorte de darwinisme cyclique.

Ce n'est qu'après la mort de Bouddha (exécuté par la caste des Brahmanes, en 543 avant Jésus-Christ. D'après certains auteurs la fin de Bouddha était bien plus prosaïque : il serait mort d'une indigestion de riz), que le bouddhisme devint une religion ordinaire, ayant pour base un Etre Suprême et conservant la métempsycose et le Nirvâna comme châtiment ou récompense dans l'Au-delà.

Mais, en somme, métempsycose ou enfer, nirvâna ou paradis se valent presque, et nous croyons que les conceptions hindoues ne sont toujours pas plus erronées que celles du christianisme.

Ajoutons que le bouddhisme (qui compte près de vingt-cinq siècles d'existence) ordonne la miséricorde et la bonté et que sous l'influence du bouddhisme, les siamois, sauvages naguère, ont tellement changé à leur avantage qu'à Bangkok, ville de plus de 400 mille habitants, l'assassinat est une chose *très* exceptionnelle aujourd'hui.

En parlant des idées philosophiques de Bouddha, nous serions ingrats de ne point mentionner le créateur de la philosophie religieuse.

Nous voulons parler de Socrate qui contribua dans une large part au développement de l'idée religieuse.

Né en 470 (avant Jésus-Christ) à Athènes, Socrate aima, dès son jeune âge les sciences physiques et métaphysiques. Grâce aux subventions d'un riche athénien, Criton, il put enfin s'adonner entièrement aux sciences et se jeta avidement sur tout ce que ces derniers ont pu accumuler pendant de longs siècles.

Aucun des systèmes philosophiques préexistants ne

put lui donner satisfaction, et petit à petit il créa une école à lui.

D'après ce profond penseur, l'esprit était le commencement de toutes choses et cet esprit ne pouvait avoir d'autre but que le bien.

« Tout nos maux » disait-il, « n'ont pour cause directe que la méconnaissance du bien. Instruisez les hommes et vous les rendez meilleurs ». Un trait caractéristique de la philosophie de Socrate, c'est l'union complète de l'esprit et de la volonté.

Il n'admet point que l'on puisse vouloir faire quelque chose et ne pas réaliser cette volonté. Du moment que votre esprit vous dicte une action, réfléchissez-y longuement et si vous la trouvez bonne n'hésitez pas à la proclamer.

En partant de l'idée de la souveraineté de l'esprit il s'était dit que tout ce qui existe en nous, devait certainement exister dans la force créatrice. Celle-ci possède donc de l'esprit. Et comme le monde est unique, il ne peut y avoir qu'un Dieu Unique.

S'appliquant à lui-même, la devise de ne pas séparer la volonté de l'action, il prêche, à qui veut l'entendre, ses idées sur le Dieu gouvernant le Monde avec sagesse.

Ces idées, allant à l'encontre des préjugés de son siècle valurent à Socrate la réprobation générale, d'autant plus qu'il se permettait de critiquer les actions du gouvernement, en disant que l'ordre établi par la force et non par la logique est une violence et non pas une loi. Le tirage au sort pour condamner ou acquitter un accusé est une iniquité, car la science seule gouverne avec justice et non le hasard ou la force.

Il est facile à comprendre que le gouvernement ne tarda point à condamner à mort " le 'philosophe — sophiste Socrate qui s'est rendu coupable envers le gouvernement, en créant d'autres dieux que ceux vénérés par l'Etat et en donnant de mauvais exemples à la jeunesse ".

Suivant les coutumes de cette époque, Socrate avait le droit de se disculper devant les jurés, pour la plupart matelots ou négociants. Au cours de son discours, messieurs les jurés comprirent assez facilement que Socrate ne les considérait pas assez compétents pour le juger et se moquait de la grossièreté de leur esprit, peu développé.

Tout ce qui est logique est bien, disait-il, tout ce qui est bien, doit être récompensé. Or, je ne vous donne que de bons conseils, je vous apprends à être heureux. Je réclame donc ma récompense.

Cette conclusion fut prise pour une moquerie blessante pour la dignité des juges et le verdict fut prononcé en 400 (avant J.-C.).

Lorsque ses amis lui conseillèrent de fuir, il déclina dédaigneusement leur proposition. Et en effet, pouvait-il, lui, Socrate être inconséquent avec lui-même ? Ne disait-il pas toujours que rien ne devait arrêter la proclamation de la vérité ? Il est resté digne et calme et but le poison qu'on lui présenta, sans défaillir. Jusqu'à son dernier souffle il parlait à ses élèves de l'immortalité de l'âme et de la souveraineté de l'esprit.

Nous dirons volontiers avec Renan que « les plus grands hommes d'une nation sont ceux qu'elle met à mort. Socrate a fait la gloire d'Athènes qui n'a pas jugé pouvoir vivre avec lui. Spinoza est le plus grand des juifs et la synagogue l'a exclu avec ignominie. Jésus a été la gloire du peuple d'Israël qui l'a crucifié ».

Hélas, oui ! Tels ont toujours été les hommes, tels ils sont encore.

Mais Socrate peut dormir en paix. Lui mort, sa

science lui a survécu et sa philosophie restera toujours la base de tous les systèmes philosophiques présents et à venir.

Le système philosophique, purement physique des ionniens (Héraclès, Thalès, Anaxagore) laissa sa place à l'école mathématique de Pithagore, de Parménide, de l'Empedoclès. Elle a été, à son tour remplacée par l'école d'Eléa (colonie de la Grande Grèce) école logique représentée par Xénophane et Zénone.

Et c'est Socrate qui vint les remplacer par sa doctrine morale, doctrine qui restera toujours immuable, quant à sa base, car son école est celle de la vérité et de l'esprit. Or la *vérité* ne peut pas être *fausse*. La recherche de la vérité peut tout au plus conduire à des conclusions erronées. Voici pourquoi, sans partager les opinions religieuses de Socrate, nous lui accordons la suprématie en matière philosophique.

Le progrès de la science se charge de renverser les conceptions anciennes, mais la philosophie, ayant pour base la recherche de la *vérité* ne peut pas être renversée. C'est, ce que savait Socrate et il est mort le sourire aux lèvres.

Voyons maintenant en quelques mots ce que c'est que le mahométisme ou islamisme.

Cette religion a été créée par Mahomet, né en 570 et mort en 632.

De création plus récente que le christianisme (car il ne compte que quatorze siècles d'existence) le mahométisme a subi une forte influence de la religion des juifs, avec lesquels Mahomet se rencontrait souvent à Yemen.

Idolâtres pendant très longtemps, les arabes adoraient avant l'arrivée de Mahomet, des dieux innombrables, et parmi lesquels Allat, Manat et Uzza occupaient une place prépondérante.

Mahomet, qui appartenait à la caste des Koreish (prêtres) arriva par suite de ses fréquentations à Yemen à l'idée du non sens de l'idolâtrie et commença à prêcher le Dieu unique. Il eût beaucoup d'adeptes et non moins d'ennemis, surtout parmi les koréish. Après maintes poursuites où sa vie se trouvait bien des fois en péril, il consentit enfin à un compromis, et promit aux koréish de reconnaître à côté de Dieu unique, les trois divinités principales, dont nous avons parlé. En échange de cette bonne complaisance les koréish le proclamèrent prophète.

Mais une fois au « pouvoir » Mohamet insistait surtout sur l'existence du Dieu unique : « Il n'y a de Dieu que Dieu et Mahomet est son prophète ». Quant aux autres divinités, Mahomet oubliait volontiers d'en parler, se contentant de les mentionner entre parenthèses, et leur attribuant l'emploi très subalterne des anges (sorte de portiers au Tribunal Suprême).

Quelle est la base de sa doctrine? Elle est très simple. Au courant des préceptes chrétiens qu'il voyait luire depuis cinq siècles déjà, il a bien compris que la chanson de l'amour pour son prochain, pour belle qu'elle était n'en fut pas moins du domaine de la théorie, plutôt que de celui de la pratique. Aussi a-t-il résolu de ne pas empêcher les bons mouvements, mais permettait la vengeance de l'outrage (Encore et toujours la vieille chanson mosaïque : œil pour œil, dent pour dent).

« L'homme libre », disait Mahomet « pour l'homme libre, l'esclave pour l'esclave, la femme pour la femme ! Quant à celui qui veut pardonner à son frère qu'on le laisse faire en paix et qu'on le dédommage richement » (Surate II, 173).

Sans entrer dans d'autres détails, concernant la vie future, avec ses récompenses purement matérielles, en richesses et en femmes charmantes; sans parler, également, de la théorie sur les sorts des humains, bien définis d'avance, par Dieu (d'où prit naissance le fatalisme des orientaux), nous pouvons admettre que toute la morale religieuse mahométane est dans les quelques paroles reproduites ci-dessus dans le verset 173 de Surate II.

Franchement, lorsque nous voyons cette même vendetta se pratiquer encore de nos jours et par tous, sans parler d'une façon spéciale des Italiens et des Espagnols *catholiques* nous n'osons plus dire que le mahométisme « est une religion erronée ». Il a pour lui, au moins, l'excuse de l'autorisation que lui donne son coran (évangile), tandis que le christianisme est formel à ce sujet : il ordonne non seulement de pardonner les injures, mais aussi de tendre la joue droite, après encaissement d'un soufflet sur la joue gauche (et vice versa).

Afin de compléter le tableau des religions orientales voyons en quelques mots les idées religieuses des perses et des iraniens. Cette religion a pris naissance vers l'an 1400 avant J.-C. avec les dieux Mitra, Indra et Varuna en tête. Le livre sacré est le Zendavesta (que nous ne connaissons que très imparfaitement) et l'Avesta créé paraît-il par Zoroastre.

La religion de Zoroastre comprend la caste héréditaire des prêtres, dont les fonctions se transmettent de père en fils. On naît prêtre, mais on ne le devient pas.

Bien plus tard cette religion aboutit à un dualisme représenté par deux Dieux : Ormuzd (Dieu du bien) et Ahriman (Dieu des mauvaises actions). A cette époque on remarque déjà les exhortations aux bonnes actions, à la solidarité, à l'entre-aide, car toute vie vertueuse sert la cause d'Ormuzd.

A la fin des siècles Ormuzd livrera bataille à Ahriman

et le vaincra. Une vierge concevra un Messie de Zoroastre et ce Zoroastre fils fera ressusciter les morts. Le monde sera purifié et les bons pourront se confondre dans l'adoration de Dieu Ormuzd.

Les punitions religieuses sont sévères et portent surtout sur la souillure des choses dites pures, telles que le feu, la terre et l'eau.

On peut racheter les punitions (coups de bâton) par une somme versée à la caisse du Temple.

Aux mourants, les prêtres font réciter une prière et leurs mettent dans la bouche et les oreilles le Haôma (boisson divine, faite avec des plantes sacrées).

En résumé, cette religion comporte le principe fondamental du Christianisme (amour pour son prochain, entre-aide, et vie vertueuse) ; les péchés sont rachetés par une somme versée entre les mains du prêtre ce qui constitue encore une analogie avec le christianisme (indulgences) et enfin, les prières que l'on fait réciter aux mourants, les saintes boissons dont on fait oindre leur bouche et leurs oreilles, constitue à nos yeux une analogie parfaite avec l'extrême-onction.

Et de tout cela, nous ne voyons toujours pas en quoi, ces vieilles religions, soient plus erronées que le christianisme !

Continuons maintenant la preuve par exclusion.

« Dans le christianisme, la vraie religion ne peut être le protestantisme, dont les fondateurs furent les hommes méprisables... »

Voilà qui est fort, par exemple ! Méprisables aux yeux des créateurs du catholicisme, soit ! Mais nous serions très désireux de savoir en quoi Martin Luther et autres réformateurs de protestantisme furent plus méprisables que le pape Alexandre Borgia, par exemple, homme pervers, débauché et vil, dont l'âme tout entière fut si bien résumée par l'immortel Hugo dans son œuvre *Torquemada*.

Le hasard a pétri la cendre avec l'instant
Cet amalgame est l'homme. Or, moi-même n'étant,
Comme vous, que matière, ah ! je serais stupide
D'être hésitant et lourd quand la joie est rapide.
. . . .
Avant tout être heureux. Je prends à mon service
Ce qu'on appelle crime et ce qu'on nomme vice
L'inceste préjugé. Le meurtre expédient
J'honore le scrupule en le congédiant
Est-ce que vous croyez que, si ma fille est belle
Je me gênerais moi, d'être amoureux d'elle !

V. Hugo

Quelques détails sommaires sur le protestantisme nous paraissent nécessaires. Ce dernier, créé au XVIe siècle avait pour but de ramener l'église à sa pureté évangélique primitive. Le protestantisme prétendait, à très juste titre, que l'homme consciencieux et instruit des dogmes de sa croyance, pouvait juger lui-même s'il était sauvé ou condamné, sans avoir recours pour cela, à l'intermédiaire du clergé.

Les premières idées de réforme furent émises par Jean Wiclef (1324-1387), puis par Jean Hus, brûlé vif en 1415, mort en héros, défendant jusqu'au bout ses opinions et ne voulant pas se dédire.

En 1517, c'est-à-dire un siècle plus tard, Martin Luther, le nouveau réformateur de l'église catholique déclara la lutte ouverte au pape au sujet de la vente des indulgences. Il cloua à la porte de l'église de Wittemberg ses 95 preuves de l'immoralité et de l'ineptie de la rémission des péchés par une somme déterminée.

Appelé à Leipzig, il eut à soutenir une discussion théologique avec les représentants du pape. Ses affirmations irrévérencieuses concernant le pouvoir du pape, lui valurent l'excommunication, mais il brûla, sans plus de façon, ce rescrit papal.

En 1521 il fut condamné par le conseil de Worms, à la suite de quoi, il se réfugia à Wartburg. Il s'y cachait pendant un an, en s'occupant de la traduction de la Bible en allemand, ce qui permit à tous ses concitoyens de lire et comprendre l'Ecriture Sainte.

Beaucoup d'adeptes le suivirent, malgré les persécutions sauvages du pape et ce n'est qu'en 1648 que, par la paix de Westphalie, la religion protestante fut enfin reconnue et tolérée.

Plus tard, quelques désaccords surgirent entre les représentants du protestantisme au sujet de l'acte de communion et le protestantisme se divisa en l'église luthérienne et l'église réformée qui, toutes deux, ont conservé, néanmoins, le nom générique de l'église protestante.

Somme toute, la différence la plus marquée entre le catholicisme et le protestantisme consiste en ce fait que le premier se traduit dans l'adoption, sans réserves, des légendes religieuses, tandis que le second, le protestantisme, présente des tendances de raisonnement critique.

Mais continuons cependant.

« Dans le christianisme, la vraie religion ne peut pas être dans les églises grecque et russe, condamnées à des divisions déplorables et à la servitude ».

Il nous semble, pourtant que l'église grecque, ainsi que l'église russe (qui s'est greffée sur la première, et dont les dogmes sont sensiblement les mêmes) se rapprochent plutôt de la parole de Jésus.

Leurs évangiles ont une certaine analogie avec celui des protestants et ne cherchent nullement à atténuer les phrases et à substituer le mot « Frères » au mot « proches », ni la phrase : « Femme, qu'y a-t-il (de commun) entre moi et toi » par la phrase : « Femme, mon heure n'est pas sonnée ». Nous sommes donc enclins, en toute équité, à ajouter plutôt créances aux évangiles grec et russe qu'à celui de l'église catholique.

Et puis nous ne voyons pas ce que « les divisions et la servitude » viennent faire là-dedans ! Il nous semble que la servitude et l'abaissement du peuple russe, n'ont pour cause unique, que les conditions déplorables du régime politique, s'appuyant sur les grands chefs de la religion, gens peu recommandables et trafiquant avec les dogmes comme bon leur semble. Nous ne croyons pas que la religion, elle-même, y soit pour quelque chose.

Voyons la fin de la preuve par exclusion.

« Donc reste la religion catholique. Donc la religion catholique est vraie et l'église catholique est divine ».

Oui, vraiment, la conclusion est... tellement logique (pour ne pas dire renversante) que les commentaires sont inutiles.

Pourquoi avoir oublié, cependant la religion juive ? Pourquoi ce silence obstiné, puisque toutes les autres croyances y ont passé ?

La cause de ce mutisme nous paraît assez explicite. Parce que le christianisme n'est qu'une interprétation de la religion d'Israël, parce que le judaïsme a fourni la base même de la religion chrétienne, parce que dénigrer le judaïsme serait démolir le christianisme... Mais alors une question se pose. Si le judaïsme est reconnu comme religion vraie, il y aurait donc deux religions vraies ! Comment expliquer alors l'affirmation qu'il ne peut y avoir qu'une seule, car Dieu ne peut se contredire ? (Pauvre Dieu ! comment sortirait-il de ce cercle vicieux !)

N'oublions pas, non plus, que la religion d'Israël existe depuis près de trente-cinq siècles, depuis 3500 ans et que c'est la plus vieille religion du monde. Leur vieux Dieu les a déclarés son « peuple favori ». Il leur a annoncé (oh formellement, avec signature à l'appui) que leur religion est la seule vraie et que lui, Dieu, choisit le temple d'Israël pour sa résidence terrestre (sorte de pied à terre, quoi !)

D'ailleurs M. Gratry se fait un devoir de nous citer le passage suivant de M. Ewald.

« C'est qu'il (Jésus) apporte à la vieille religion déjà vraie mais encore imparfaite...

D'autre part :

« De telles époques de puissant enthousiasme, de force triomphante et de sublime et salutaire exaltation, se montrent déjà, mais disséminées, dans l'Ancien Testament. Partout, où la religion vraie se déploie, elle apporte la sublime joie qui ranime tout... »

Oui, mais alors, alors ?? qui est donc dans le vrai, enfin ?

Voilà pour les « ramassis d'erreurs ».

En ce qui concerne les « ramassis de corruption » nous nous permettons de rappeler que bien souvent nous sommes tentés de voir la paille dans l'œil de notre prochain.:. Il nous suffira (nous l'espérons) de rappeler aux fervents et exaltés adeptes du catholicisme la période relativement proche « des indulgences ».

Voulez-vous racheter votre mauvaise conduite ? Eh bien, le tarif est de tant. Voulez-vous effacer le péché du meurtre ? — C'est un peu plus cher. Désirez-vous enfin, racheter tous vos crimes présents et futurs ? Nous avons ça aussi, en magasin. Faites votre choix, nobles seigneurs et belles dames, on y vend de tout !... et les lettres d'indulgences, signées et paraphées par sa sainteté le pape, sont remises aux intéressés contre espèces sonnantes et trébuchantes.

Si la mémoire, ne nous fait pas défaut, l'histoire rapporte le cas d'un de ces moines, vendeurs d'indulgences, qui, s'étant rencontré avec un brigand, lui proposa une lettre d'indulgence. Le brigand paie largement l'absolution de ses péchés et demande l'indulgence pour tous ses crimes futurs, en proposant de payer une somme fabuleuse. L'autre accepte et quand l'indulgence est remise entre les mains du brigand, ce dernier se retourne et tient au moine à peu près ce langage :

En possession de la lettre précieuse, je suis désormais innocent comme un nouveau-né et puis commettre impunément tous les crimes possibles et imaginables. Par conséquent, ô, révérend père, daignez faire votre prière. Et après avoir poignardé le brave marchand d'indulgences, il reprend son argent et s'en va tranquillement, l'âme en repos.

Oui, parlez-nous « des ramassis de corruption », nous vous le conseillons !

Revenons, cependant à notre thème.

Se transformant sans cesse, les croyances religieuses aboutirent comme nous l'avons dit, à la naissance de plusieurs formes distinctes dont presque toutes s'écartèrent petit à petit du monothéisme strict (1).

1. Le judaïsme et l'islaïsme sont de nos jours presque les seules formes du monthéisme pur. La base de leurs religions se traduit respectivement par les formules suivantes : « Tu n'auras point d'autres dieux que Moi, tu n'adoreras aucune image, ni aucune

C'est ainsi, que certaines croyances se jetèrent dans l'adoration de Dieu, sous forme de trois divinités (Père Fils et Saint-Esprit) en accordant, de ce fait, à Dieu toute une famille, et ne s'arrêtant pas à mi-chemin, ils enlevèrent les apôtres au rang des saints et commencèrent à s'agenouiller devant différents fétiches, objets d'idolâtrie de la plus belle eau. Nous parlons des icônes, des images saintes, des reliques et *tutti quanti*.

Voilà, en lignes générales, la revue des étapes par où passèrent les croyances religieuses de l'humanité.

Laissons, pour l'instant, de côté les diverses formes de croyances, sortons hors des cadres de telle ou telle autre manifestation de la foi et essayons de comprendre le sens de leur point de départ, le sens abstrait se résumant dans la même synthèse commune qui a nom Dieu.

En suivant attentivement tout ce qui précède, l'homme tant soit peu habitué aux conclusions logiques, arrivera forcément et naturellement à l'idée du non sens des religions en général.

Il suffirait, pour cela, d'oublier pour un moment toutes les conceptions enracinées dans l'âme par l'éducation préparative et de se placer à un point de vue *très strictement impartial*.

Mais, nous dira-t-on, en admettant même le non sens des religions actuelles, nous sommes encore bien loin d'admettre l'inutilité des croyances en général, et de l'adoration du principe Créateur, en particulier.

Ce dont nous allons nous occuper maintenant en nous efforçant d'éclairer la question au point de vue de

ressemblance des choses qui sont dans les cieux »... et « Il n'y a de Dieu que Dieu et Mahomet est son prophète ».

la Divinité d'une part, et des formes de son adoration de l'autre.

Remarquons que les athées, tout comme les plus fervents théologiens malgré l'opposition apparente de leurs convictions, se confondent en un seul point, dans une commune et fraternelle étreinte... de l'incertitude.

Ni les uns, ni les autres ne peuvent *prouver* et se contentent de *percevoir*, de suivre leurs impulsions et de se diriger dans la voie qui leur paraît la plus logique.

Voyons donc, jusqu'à quel point la logique des théologiens mérite d'être appelée ainsi.

DEUXIÈME PARTIE

Qu'est-ce que Dieu ?

Pour répondre à cette question, adressons-nous à l'œuvre très intéressante (et qui nous paraît une des plus sincères) du professeur V. Giavi : « La religion d'Israël ».

Voici comment cet auteur détermine les conceptions de Dieu.

1° *Dieu est tout-puissant.* — Si la volonté de Dieu pouvait se heurter à un obstacle quelconque, il ne serait plus Dieu.

2° *Dieu est l'intelligence, la sagesse et la bonté suprêmes.* — Si la créature humaine qui n'est qu'un *effet* est douée de conscience et d'intelligence, comment admettre que la *cause*, dont elle émane, soit une force aveugle et inconsciente ? En outre, si l'Intelligence divine était limitée et progressive comme la nôtre, Dieu serait limité et il ne serait plus Dieu. Dieu est donc l'intelligence infinie et, comme le défaut de sagesse et de la bonté ne tient qu'à défaut d'intelligence, Dieu est aussi la Sagesse infinie et la Bonté parfaite.

Dans les paragraphes 27, 28, 29 et 30, M. Giavi prouve successivement que Dieu est Unique, Eternel, Immatériel et Infini.

Nous nous servirons volontiers de ces conceptions,

car les religions les plus contraires semblent être d'accord sur ce point de départ.

En résumé: Dieu est donc Tout-Puissant, Juste, Miséricordieux et Intelligent.

Reportons-nous à la vie ambiante et tâchons de réduire quelques-unes de ses manifestations à un dénominateur commun.

1° Une guerre terrible, sans précédent, déchire la pauvre humanité depuis bien des années déjà. Les hommes meurent par milliers. Violences, horreur, cauchemar, la cervelle éparpillée dans la boue, la chair toute palpitante encore, écrasée, foulée aux pieds... cris de douleur, lamentations, et du sang, du sang partout...

Et tout cela pourquoi? pourquoi? au nom de quelle justice?

Le cri de déchirement et d'agonie sortant des milliers de poitrines n'est-il pas assez fort pour atteindre l'organe auditif de Dieu?

En quoi se manifesta-t-elle donc son omnipotence, lorsque du haut de son trône, il regardait cette boucherie sans nom, où les hommes s'entre-dévoraient, s'entre-déchiraient, tombaient par terre, inondés d'une large nappe de leur sang vermeil et fumant... N'a-t-il pas trouvé dans son omnipotence assez de puissance pour arrêter cette lutte de l'homme contre l'homme, de frère contre frère, cette lutte diamétralement opposée à la base même des lois, qu'il a dictées : « Aimer son prochain »; « Ne pas tuer »...

Et ce qui augmente encore la bizarrerie, c'est que les prêtres, les pôpes et les rabbins bénissent les armes des combattants et adressent, chacun de leur côté, des ferventes prières pour la victoire!

Oh! Duplicité ou absurdité! A quel Dieu adressent-ils donc leurs suppliques? N'est-il pas le même pour l'allemand comme pour le français, comme pour tous ? Y aurait-il par hasard, une douzaine d'habitants au royaume des cieux, au lieu d'un Dieu unique ?

2° Pendant les massacres des juifs en Russie (octobre 1905) bon nombre des croyants furent assassinés lâchement à la synagogue où ces malheureux se réfugièrent pour être plus près de leur Céleste Protecteur. Les saintes choses qu'ils respectaient au-dessus de tout et dans lesquelles ils voyaient la grandeur de leur Dieu, furent profanées de la plus dégoûtante façon.

En quoi se manifesta-t-elle donc sa justice, lorsqu'il laissait égorger, dans sa propre maison, ses fidèles serviteurs ?

3° Une mère donna naissance à un enfant qui vint au monde avec les vertèbres dorsaux ouverts et la moelle mise à nue.

Devant les souffrances indescriptibles du petit être, la malheureuse mère se décida d'apporter son enfant à l'hôpital de N... Le chirurgien, M.X..., consentit à opérer le petit patient, après avoir prévenu la mère que son intervention serait presque sans chances de réussite.

L'opération se faisait sans chloroforme, vu l'âge précoce du petit malade (l'enfant avait à peine deux mois).

Pendant la séance une paire de petits yeux regardaient fixement les assistants. Ils voulaient, semblait-il, poser une question très simple, d'une simplicité effrayante : « Pourquoi ? »

Les cris rauques et inhumains, sortant de cette pauvre petite poitrine bouleversaient malgré eux, les assistants, habitués, pourtant aux cris de douleur. On offrait de temps en temps, au petit martyr une sucette qu'il saisissait avidement, croyant que cela calmerait ses souffrances... ; puis les cris recommençaient, puis les pauvres yeux terrifiés se remettaient à fixer ceux que l'enfant considéraient, sans doute, comme ses bourreaux.

Quelque temps après l'opération, l'enfant rendit sa petite âme, à celui qui était sensé de la lui avoir donnée.

En quoi se manifesta-t-elle donc la miséricorde de Dieu, lorsqu'il regardait, tranquillement, les souffrances du petit être qui n'avait prié personne de le faire vivre et qui n'avait, certes, pas l'occasion de pécher devant l'Eternel ?

Que nous répondra-t-on à toutes ces questions ? Que l'enfant expiait les fautes de ses parents ? que les croyants étaient égorgés pour les péchés des mécréants ? Que des millions d'hommes étaient offerts en holocauste pour les ambitions de quelques gouvernants ?

Mais tous ces châtiments indirects, les soufflets donnés à Paul pour les fautes commises par Pierre, tout cela amènera difficilement l'homme intelligent à l'idée de sagesse, de miséricorde et d'omnipotences divines.

La seule chose qu'on pourrait nous dire c'est que les voies de Dieu sont insondables et que la religion défend d'aller trop loin dans cet ordre d'idées.

Mais au fait, est-ce une réponse cela ? Il est évident que les créateurs des croyances ont prévu le moment où l'homme, non satisfait des réponses évasives, demanderait compte des choses incompatibles avec le bon sens. Et la réponse (si toutefois elle peut être appelée ainsi) fut préparée d'avance : « les voies de Dieu sont insondables ».

Dans maintes causeries que nous avons eu le plaisir d'avoir avec des ecclésiastiques de toutes croyances il nous a été répondu une fois que Dieu permit le Bien et le Mal, et que l'homme était libre de suivre l'un ou l'autre. Une fois créé, Dieu ne s'en s'occupait plus, car autrement, quel serait le mérite de l'homme devant l'Eternel, si le Mal n'eût pas existé !

Cela nous semble pour le moins étrange que Dieu laissât tuer par millions ses propres créatures, rien que pour le plaisir de refuser son paradis aux quelques méchants empereurs qui, seuls, seraient cause de mauvaises actions. Devons-nous ajouter également que si, l'homme était vraiment la créature de Dieu, ses mauvais comme ses bons sentiments lui seraient probablement inspirés par le Créateur. Pourquoi donc rendre responsables les méchants, des horreurs qu'ils commettent !

En réfléchissant mûrement nous arrivons logiquement à la conclusion que l'idée de Dieu n'implique pas du tout celle de la Justice, de la Miséricorde et par conséquent de l'intelligence.

Sans faire valoir nos propres conclusions, voyons plutôt si les dogmes religieux eux-mêmes n'incitent pas à de telles déductions.

Nous lisons dans le deuxième commandement de Dieu : « Tu n'auras pas d'autres dieux que moi, car je punirai jusqu'à la quatrième génération tous ceux qui s'écarteront de la bonne voie ».

Plus loin nous voyons : « L'homme doit s'appliquer à me connaître afin de comprendre que je suis le Dieu qui gouverne la terre avec miséricorde et justice, Dieu qui aime la Miséricorde et la Justice » Jér., IX.

De deux choses l'une : ou bien Dieu punit l'impie jusqu'à la quatrième génération et dans ce cas il n'est ni juste, ni miséricordieux, car les enfants ne peuvent répondre pour les fautes de leurs parents, ou bien il est miséricordieux et juste, et dans ce cas il ne *peut* se permettre une action indigne et punissant les uns pour les péchés des autres.

Et puis, approfondissons la thèse de non-immixtion de Dieu dans la vie des humains. C'est en somme la base de la doctrine de Milton qui dit dans son *Paradis Perdu* que l'homme, la dernière créature de Dieu, fut fait absolument libre « capable de se soutenir, quoique libre de tomber ». Dieu souffla dans l'homme une parcelle de son propre esprit divin : c'est la conscience et l'intelligence humaines.

L'homme n'a donc pas à se plaindre de Dieu, car il est, lui-même la cause de ses malheurs et de ses souffrances.

C'est, en quelque sorte, notre propre thèse, car nous aussi, nous prétendons qu'il eût été ridicule de rendre responsable la force créatrice. Le nom seul change : les théologiens appellent cette force Dieu Conscient, nous l'appelons Force aveugle.

Adressons-nous maintenant à la logique. Dieu permit le Bien et le Mal, mais il avait défendu à nos premiers parents de goûter aux fruits de l'arbre, donnant la science du Bien et du Mal. Il ne nous avait pas permis, par conséquent, de discerner sainement entre le Bien et le Mal.

De quel droit se permet-il donc de nous demander compte de nos faux pas ? C'est bander les yeux aux gens et leur dire : Allez, mais ne trébuchez point, sinon...

Convenez que c'est légèrement illogique. Or ce qui n'est pas logique n'est pas Dieu.

D'autre part, s'étant contenté de souffler dans l'être humain une parcelle de vie, sans s'en préoccuper davantage, il permet par cela même à quelqu'un ou à quelque chose, d'autre que lui, de se préoccuper, à sa place, de la vie des êtres animés.

Chacun de nous, me dira-t-on, suit dans la vie son libre arbitre, son impulsion... Mais, sommes-nous maîtres de cette impulsion ? Certainement pas, car nous ne savons nullement si cette impulsion nous conduira à des résultats positifs ou négatifs. L'impulsion humaine n'est que la résultante du milieu ambiant.

Parlez à un hottentot du sud africain de la beauté des œuvres de Raphaël ou de Michel Ange. Il y a bien des chances qu'il vous traitera de fou. En fait de beauté, il n'appréciera guère qu'un bon morceau de rôti, bien odorant.

L'homme donc, ainsi que tout être vivant, n'est que le produit de son milieu qui imprime sa marque spécifique sur les caractères et sur le genre de vie.

Mais, puisqu'aucune force dirigeante ne s'occupe de l'homme, le milieu dans lequel il vit, reste également sans direction et ce milieu devient tout bonnement, un simple jeu du hasard.

Dieu n'ayant donné à l'homme aucun moyen de se diriger dans la vie, et ce qui plus est, ayant permis à l'aveugle hasard de dominer et de diriger l'être vivant, ce Dieu ne peut évidemment pas être appelé logique ; et ce qui n'est pas logique n'est pas Dieu.

En résumé, qu'il s'occupe des actions humaines, les injustices flagrantes ne permettent pas d'admettre son règne intelligent ; qu'il ne s'en occupe pas du tout, c'est toujours la même chose.

Ainsi donc, pour rester logique et conséquent avec soi-même nous ne pouvons qu'admettre l'inexistence de Dieu, tout au moins dans la forme que les religions actuelles lui prêtent.

Mais ici nous nous butons à la question éternelle : « Qu'est-ce que Dieu ? Comment admettre son inexistence, puisque tout nous parle d'un commencement, d'une force mystérieuse, innée dans la moindre chose de l'univers.

D'autre part, comment accorder son règne intelligent et conscient avec la logique, puisque la vie ne se lasse pas de nous donner les preuves du contraire.

La réponse ne peut, évidemment, être formulée que sous une seule forme possible :

Dieu existe, car autrement il serait impossible d'expliquer la vie primitive et primordiale, mais Dieu ne peut, sous aucun prétexte, être présenté sous l'aspect de principe suprême conscient, mais sous forme d'une force naturelle, inconsciente, d'une prodigieuse envergure.

Et tout comme l'électricité, le magnétisme, la lumière, la chaleur et autres forces analogues furent objets d'adoration, au même titre, cette force mystérieuse et grandiose que nous appellerons volontiers Vitogène (force créatrice de la vie) régnera sur les esprits des humains. Et ceci durera bien des siècles encore, jusqu'au moment où la Science, cette destructrice des préjugés et du fanatisme, asservira le vitogène à ses formules et à ses équations.

Cette conception permet d'expliquer très facilement toutes les manifestations de la vie quelles qu'elles soient.

Nous admettons ainsi que ni dans les guerres, ni dans les massacres, ni dans aucun phénomène, triste ou gai, Dieu ne peut être impliqué.

La guerre, c'est la conséquence des différends politiques ou économiques entre les peuples.

Les massacres des juifs par les chrétiens, des chrétiens-arméniens par les mahométans, les guerres religieuses, en général, ne sont autre chose que la conséquence de l'état primitif de la masse ; du niveau plus que rudimentaire de son développement moral et intellectuel ; de l'égoïsme ou de la criminalité des classes dirigeantes profitant de l'état d'abrutissement du peuple pour l'exciter, pour le diriger dans la voie, préalablement tracée.

Les souffrances de l'enfant, tout en restant chose triste et douloureuse, ne sont pas moins explicables. L'enfant ne pouvait vivre par suite d'une anomalie anatomique, laquelle anomalie avait pour causes des faits naturels : mauvais placement du fœtus, malformation ou maladie des éléments primitifs lui ayant donné naissance, chocs, traumatismes, etc..., reçus par la mère pendant la grossesse...

Il ne nous reste plus qu'à répondre au seul argument intéressant du professeur Giavi : « Si la créature humaine qui n'est qu'un effet, est douée de conscience et d'intelligence, comment admettre que la cause dont elle émane soit une force aveugle et inconsciente ? »

Pour répondre à cette question, il nous faudra reprendre les choses de bien loin. Hâtons-nous d'ajouter que nous n'essaierons pas d'expliquer la création du *vitogène* ; cela reste toujours incertain et mystérieux, car nous ne connaissons cette force que par ses *manifestations*, ne sachant rien de *sa nature*.

Ajoutons aussi que les phénomènes de la vie initiale n'entrant pas, jusqu'à présent du moins, dans le domaine de la science, tout ce qui suivra devra être pris comme une supposition sans preuves, mais qui nous paraît, cependant, assez plausible.

Nous n'entrerons dans les cadres scientifiques que dans l'étude de l'évolution de la vie et de ses transformations successives.

Afin d'éviter toute confusion dans la suite, nous prions le lecteur de bien s'assimiler le terme *Vitogène* et de le prendre dans le sens que nous lui prêtons.

Il est d'usage courant de donner le nom de *vivant* à tout être qui est capable de se déplacer, de marcher, en un mot à tout ce qui présente *visiblement* les phénomènes grossiers de locomotion.

Inutile d'insister sur l'incorrection absolue de cette définition. Depuis la découverte du microscope, on a pu constater que les cellules du tissu animal ou végétal, tout en restant mortes au sens grossier du mot, c'est-à-dire ne présentant visiblement aucune manifestation locomotrice, sont néanmoins vivantes, car elles réagissent, en se contractant au contact d'une goutte d'alcool. Mais là encore nous ne nous rendons qu'à *l'évidence* : autrement dit, nous disons que la cellule microscopique est vivante, car nous *voyons* ses contractions à un certain moment.

Nous ne saurons trop insister sur le danger que présentent de semblables déductions. Les phénomènes subtils d'assimilation et de respiration des plantes constituent des meilleures preuves de la vitalité sans que cette dernière fusse visible.

Nous allons plus loin encore et prétendons *que tout ce qui existe est doué de vie*, spécifique et propre à chaque groupe des choses existantes.

Un morceau de granit ou de marbre, un pissenlit, un animal *vivent* mais les manifestations de leurs vies respectives restent spécifiques pour chacun des règnes auxquels ils appartiennent.

Nous disons donc que le vitogène, cette force créatrice, est la même pour toutes les choses de l'univers et verrons à l'instant que la vie spécifique d'un caillou, d'une plante ou d'un animal n'est due qu'à un groupement différent des molécules constitutives.

Le vitogène donc existait Il est facile de comprendre que cette force n'est jamais restée en repos et se manifestait toujours comme le font toutes les énergies n'étant pas retenues par des entraves matérielles.

Les effluves de vitogène se propagèrent dans les milieux où elles prirent naissance et, puisque toute manifestation engendre une conséquence, il en fut de même pour le vitogène.

Le produit du travail vitogénique se résuma probablement, dans la création d'un monde d'atomes amorphes et incalculables que nous appelons *le chaos*.

Les atomes chaotiques voltigeaient, sous la propulsion de la force vitale, s'entre-choquant et se séparant sans cesse. Ces atomes arrivèrent enfin à se réunir par groupes, par amas, en formant ainsi des molécules qui, toujours sous l'influence de la force vitogénique se réunirent en des corpuscules plus ou moins complexes, mais restant toujours inertes et sans vie.

Et voilà que quelques-unes de ces molécules, au hasard des tournoiements, se trouvèrent accouplées d'une façon telle, que leur vie devint possible, c'est-à-dire qu'elles purent réagir contre les phénomènes du milieu ambiant.

L'importance du groupement spécial des molécules est un fait strictement scientifique et la chimie organique nous en donne bon nombre d'exemples.

Nous savons en effet que certains corps organiques, tout en ayant la même formule, sont néanmoins des corps dissemblables par leur propriétés.

Tels sont : l'amidon, la cellulose, la dextrine, l'inuline, la lichenine ayant pour formule $C^6 H^{10} O^5$. Tels sont également : le glucose, le fructose, le galactose, le mannose répondant à la formule $C^6 H^{12} O^6$.

Les corps de chacun de ces deux groupes sont donc composés des mêmes éléments et, ce qui plus est, pris dans les mêmes proportions (6 parties de carbone, 10 parties d'hydrogène et 5 parties d'oxygène pour les corps du premier groupe, et 6 parties de carbone,

12 parties d'hydrogène et 6 parties d'oxygène pour ceux du second groupe).

Comment donc expliquer la possibilité d'existence de corps ayant absolument la même structure et présentant des caractères strictement individuels, nullement analogues à ceux de leurs semblables ?

C'est dans la stéréochimie que nous en trouvons la réponse.

Nous ne croyons pas devoir faire ici une étude détaillée de cette science ; nous nous contenterons d'en dire quelques mots.

La stéréochimie fut prévue déjà en 1856 par Pasteur, mais elle ne prit corps que vers 1874, grâce aux travaux de MM. Le Bel et Van't Hoff.

Cette science explique la possibilité de ces phénomènes (qu'elle appelle des corps isomères) par un groupement spécial des molécules constitutives. Et, tout comme des édifices différents peuvent être bâtis avec le même nombre de moellons, de même, des corps différents peuvent être composés du même nombre de molécules. Tout n'est que question de groupement, de disposition des molécules entre elles.

Ce groupement, disons-le de suite, reste défini et constant pour un corps donné et son équilibre se maintient par la force intramoléculaire.

La théorie de la force vitogénique pourrait expliquer les tendances des savants à créer une cellule artificielle vivante (homunculus).

Grâce aux progrès des moyens d'investigations chimiques actuels nous connaissons, en effet, la composition exacte de la cellule vivante. Mais tous les efforts, faits pour la création synthétique de cette cellule, n'ont donné, jusqu'à présent, que des résultats négatifs.

La cellule obtenue reste toujours inerte, ne réagit pas

à l'action de l'alcool et ne constitue, pour ainsi dire, que l'isomère de la cellule vivante.

Il nous semble que la résolution de ce problème ne peut être réalisée que par hasard. La cellule artificielle *peut et doit vivre* mais elle ne sera vivante que lorsque ses molécules constitutives s'accoupleront exactement dans le même ordre, dans le même groupement que cela eut lieu par suite du hasard, au moment des tournoiements chaotiques des éléments et par impulsion des effluves de vitogène.

Remarquons à ce propos que tel n'est pas l'avis de Gustave Le Bon, éminent penseur de notre siècle, aux travaux duquel nous aurons encore à revenir.

Gustave Le Bon prétend, en effet, que toutes les tentatives pour créer de la matière vivante sont vouées d'avance à la plus complète stérilité, car la cellule vivante renferme dans tout son être un énorme passé d'hérédité accumulé par de longs siècles.

Ce savant nous dit (à juste titre) qu'il y a lieu de discerner deux sortes de forces dirigeant la cellule vivante : les forces régulatrices, c'est-à-dire celles qui se chargent de veiller au bon fonctionnement de la machine vivante, qui règlent la température, maintiennent la constance de composition de sang, etc..., etc..., et les forces morphogéniques qui conduisent le modelage des formes, qui construisent en quelques sorte la charpente de l'animal.

Il cite également une vérité disant que si la cellule artificielle pouvait être créée, l'homme pourrait faire aussi bien une simple cellule vivante qu'un éléphant.

A tout cela nous objecterons qu'au lieu de deux sortes de forces nous en voyons trois, et que cet auteur oublie la première dont il donne cependant un brillant exposé que nous verrons à l'instant. Cette première force et celle de la *création*, les forces régulatrices et morphogéniques ne venant qu'après. Il est évident qu'on ne peut *diriger* et *modeler* qu'une chose préalablement *créée*. Or dans cette première période que nous appelons stade vitogénique, il est question de la création d'une cellule vivante, purement et simplement. Cette petite masse microscopique n'a rien d'ancestral, rien d'héréditaire et sa création artificielle ne présente, à nos yeux du moins, rien d'impossible. Quant à la remarque qu'il n'est pas plus difficile de créer une cellule vivante qu'un éléphant, elle est certes très juste mais c'est là justement qu'interviennent les forces régulatrices et morphogéniques et la création d'un éléphant, tout en restant possible dans ces conditions, demandera néanmoins qu'on tienne compte des influences ancestrales. Cela veut dire tout simplement que celui qui aura trouvé la cellule artificielle vivante aura le droit de nous dire : Oui, je pourrai faire naître un éléphant, mais puisque chaque cellule de l'éléphant renferme un énorme passé d'hérédité qui s'était accumulée pendant plusieurs millions de siècles, accordez-moi pour cela ce laps de temps nécessaire.

Nous maintenons donc que la création d'une cellule vivante viendra résoudre, un jour, le problème mystérieux de la création.

Tout vient à point à qui sait attendre, dit-on. Ce qui était impossible hier pourrait fort bien devenir réalisable demain. Ne voyons-nous pas maintes confirmations fournies par la science à ce sujet? Et, en effet, pour prendre un exemple entre mille, les anciens savants croyaient que le pouvoir rotatif dans les phénomènes de polarisation (c'est-à-dire la propriété de certains corps de dévier le plan de polarisation à droite ou à gauche) était dû exclusivement à une manifestation de la vie.

Ce n'est qu'en 1873 que Jungfleisch prouva la possibilité de réaliser le pouvoir rotatif artificiellement. C'est ainsi qu'en disposant quelques minces plaquettes de mica en forme d'escalier hélicoïdal, il a vu que la lumière, de polarisation dirigée par en haut, dans un point quelconque, s'était trouvée déviée, assez sensiblement, à sa sortie, en bas.

Bien d'autres exemples encore prouvent clairement que la propriété de polarisation peut être obtenue, grâce à une *disposition spéciale des molécules* (disposition dite dissymétrique).

Nous voyons donc encore, l'extrême importance des groupements spéciaux et nettement définis pour chaque corps.

Un exemple grossier (nous l'avouons) mais, néanmoins assez acceptable par nos sens matérialistes, permettra au lecteur de se faire une idée exacte de la vitalité des corps, telles que nous la comprenons.

Supposons une pièce chauffée. Une corde tendue passe au-dessus de la bouche de chaleur. Sur cette corde, au-dessus de la bouche de chaleur nous suspendons un chiffon de soie et un morceau de drap épais.

Au bout de quelques instants nous verrons la soie se tordre dans tous les sens, voltigeant sans cesse, faisant mille mouvements, tandis que le morceau de drap restera tranquillement à sa place.

Là est toute l'explication de la manifestation vitale.

Le corps des êtres est composé comme nous l'avons déjà dit, d'une multitude de cellules vivantes. Cette cellule vivante est, elle-même, composée d'un grand nombre de molécules chimiques, comme l'oxygène, l'hydrogène, l'azote, le soufre, le carbone, le fer, etc.

Or tous ces corps organiques ou minéraux sont bel et bien morts, au sens vulgaire accordé à ce mot. Leur ensemble constitue néanmoins un être ou un corpuscule vivant. La vie ou ce que nous appelons ainsi, n'est donc pas, à proprement parler, quelque chose de saisissable, de palpable, nous dirons même *de réel*.

Nous assimilons l'être vivant à notre morceau de soie qui malgré ses mouvements bien visibles, ne pourra être classé que dans la rubrique des corps inertes. Nul n'aura, certes, l'idée d'appeler la soie *matière vivante*, car tout le monde comprendra aisément la cause physique qui provoque les mouvements en question. On admettra donc, sans difficultés, que la cause physique, représentée dans notre exemple par la bouche de chaleur, provoquait le courant d'air qui faisait flotter la soie, et que sa force était insuffisante pour mouvoir le chiffon de drap.

Or ce qui est vrai pour le chiffon de soie peut l'être également pour le corps animal et en toute franchise nous ne voyons pas pourquoi il en serait autrement.

Il suffit de jeter un coup d'œil attentif dans les phénomènes intimes de vie des êtres animés et non animés pour se convaincre de cette vérité.

Les végétaux se nourrissent, comme on sait, des substances minérales du sol. Ces substances sont préalablement rendues solubles sous l'action des sucs particuliers secrétés par la racine de la plante. Une fois absorbées, les substances minérales solubilisées subissent une série de transformations qui ont pour but de rendre ces aliments assimilables, c'est-à-dire capables de se confondre avec les éléments constitutifs de la cellule végétale.

C'est là d'ailleurs le rôle de tous les aliments, dont se nourrissent les êtres vivants, végétaux ou animaux.

Et, en effet, quelle que soit la nature des aliments, ils perdent, après transformations complexes, leur nature primitive ; le pain, la viande, les légumes deviennent sang, muscle, substance nerveuse, etc. Il en est de même pour les végétaux qui transforment les aliments minéraux du sol en substances constitutives des cellules végétales.

Ainsi donc ce qui n'était qu'un minéral quelconque devient substance intime d'une cellule végétale. Les animaux se nourrissant de végétaux transforment de même ces végétaux en substances qui composent les cellules animales. Voilà donc des transformations, pour ainsi dire, palpables — du règne minéral en règne végétal et de celui-ci en règne animal.

La différence entre les corps inertes et les corps animés est tellement insignifiante que nous croyons pouvoir les ranger dans les phénomènes de même ordre, si ce n'est de même nature.

La loque humaine ou animale, autrement dit l'ensemble des substances mortes qui la compose ne se meuvent que sous l'influence d'une bouche de chaleur grandiose qui est le soleil.

Nous ne croyons étonner personne en affirmant que le soleil est la pierre angulaire de la vie. Bien des savants l'ont prouvé depuis longtemps déjà. Nos mouvements donc, nos gestes, en un mot, tout cet ensemble de manifestations que l'on appelle *vie* n'est qu'une fonction imaginaire, n'existant pas à proprement parler ; ou si l'on aime mieux existant en corrélation secondaire avec les phénomènes primordiaux, tout comme la vie du chiffon de soie n'existe que relativement, qu'autant que ce chiffon est « animé » par la bouche de chaleur.

La vitalité des corps dits « vivants » doit, par conséquent, être considérée comme un effet secondaire, comme conséquence naturelle de la combinaison de leurs molécules constitutives. Les corps inertes, si nombreux dans la nature, peuvent être comparés dans notre exemple au chiffon de drap, dont les molécules sont, pour ainsi dire, trop compactes, ce qui rend le tissu trop lourd pour que la source de chaleur pût l'agiter.

C'est dans cette définition même que nous trouvons une explication logique du phénomène de la mort.

L'homme ainsi que tout être vivant n'est autre chose que notre chiffon de soie. Il vit (nous dirons plus volontiers il s'agite) autant que la source de chaleur solaire l'influence.

Vient un moment, ou par suite, d'une maladie, d'un accident, ou de toute autre cause, l'harmonie d'ensemble se brise soudain. C'est comme si nous avions chargé le bout de soie d'éléments étrangers (en l'aspergeant, par exemple, d'un jet d'eau, ce qui rendrait le tissu plus lourd). Dans ces conditions l'être vivant devient comparable au chiffon de drap, trop lourd pour se mouvoir sous le souffle de la source de chaleur. C'est l'arrêt de sa vitalité : c'est la mort.

Mais n'oublions pas que l'être une fois mort, ses molécules constitutives ne cessent pas de vivre. La masse entière devient un corps inerte, un bloc de pierre, mais cette pierre ne diffère de l'être vivant que par la combinaison de ses molécules constitutives, le vitogène primordial restant toujours en vigueur, comme nous venons de le dire.

Les cellules de l'animal mort se désagrègent de plus en plus jusqu'à la décomposition complète, c'est-à-dire jusqu'au moment où les éléments, dits primitifs (corps simples) viennent à être mis en liberté.

Ce qui était homme deviendra ainsi une multitude de corps simples chimiques : de l'azote, de l'oxygène, de l'hydrogène, du soufre, du carbone, du fer, etc., etc...

Et ces corps seront toujours vivants dans l'acceptation large du mot, car la force vitogénique maintiendra toujours l'harmonie des atomes.

Nous avons hâte d'ajouter que le mot « Toujours » n'est peut-être pas le vrai mot qu'il eût fallu employer ici.

Rien n'est éternel ici-bas, pas plus la matière que l'énergie. Cette vérité fut mise à jour par un des plus brillants esprits de l'époque dans la maxime suivante : « Rien ne se crée, tout se perd ». Nous parlons de Gustave Le Bon, à la théorie duquel nous reviendrons à l'instant.

Cet éminent penseur, « le révolutionnaire de la science » a prouvé que la base de la doctrine de Lavoisier : « Rien ne se crée, rien ne se perd » ne peut plus exister. « Tout se perd », nous dit Le Bon; tout, même l'énergie et, à un moment donné, lorsque les atomes de carbone, d'azote de fer, etc... auront fait leur temps, ils mourront à leur tour. La mort d'un atome c'est sa dématérialisation avec mise en liberté de la force intra-atomique.

Pour mieux faire comprendre cette mort de l'atome, imaginons-nous une boule de matière quelconque. Les particules constitutives de cette boule se tiennent fermement les unes aux autres par la force intramoléculaire qui empêche la désagrégation.

Or la force intramoléculaire n'est pas la seule à assurer l'existence des corps. Chaque molécule est composée d'une multitude *d'atomes* qui eux, se maintiennent par la force intra-atomique. La force moléculaire assure, par le fait, la stabilité, la cohésion des molécules entre elles, tandis que la force intra-atomique constitue pour ainsi dire la source de vie des corps. Imaginons-nous un bloc de roche, dont les molécules se tiennent par la force de cohésion, cette force intra-moléculaire, faute de laquelle la roche se désagrégera en poussière. Mais chaque particule rocheuse continuera à exister, à vivre; chaque molécule de quartz est un corps stable et vivant et il ne cessera de l'être que lorsque la force intra-atomique, assurant la stabilité de ses atomes, cessera de se manifester, ralentira sa force de rotation ou s'arrêtera définitivement.

Là est le stade de la dématérialisation avec mise en liberté de la force intra-atomique.

Cette mise en liberté des forces colossales constitue la radio-activité des corps, question dont on s'est beaucoup préoccupé ces temps derniers.

Qu'est-ce au juste que la radio-activité? Peut-on la définir d'une façon exacte? Nullement. Tout ce qu'on en sait c'est qu'à un moment donné lorsque la molécule est arrivée à un stade avancé de vieillesse, elle se volatise pour ainsi dire, avec émission d'une forte chaleur et l'on dit qu'un corps est radioactif lorsqu'il forme des raies spectrales dans des solutions concentrées de sel de radium.

D'après Gustave le Bon il serait plus prudent d'affirmer qu'un corps est radioactif lorsqu'il est capable de décharger un électromètre, car dans tout phénomène de radioactivité les particules matérielles émettent une certaine somme d'énergie électrique.

Laissons la place à ce savant et voyons comment il interprète les phénomènes de la vie primordiale :

« Les corps sont constitués » (nous dit Gustave le Bon dans *l'Evolution des forces*) « par une réunion d'atomes composés chacun d'un agrégat de particules en rotation, probablement formées de tourbillons d'éther. Par suite de leur vitesse, ces particules possèdent une énergie cinétique énorme. Suivant la façon, dont leurs équilibres sont troublés, elles engendrent des forces diverses : lumière, chaleur, électricité, etc.

Il est probable que la matière doit uniquement sa rigidité à la rapidité du mouvement de rotation de ses éléments et que, si ce mouvement s'arrêtait, elle s'évanouirait instantanément dans l'éther, sans rien laisser derrière elle. Des tourbillons gazeux, animés d'une vitesse de rotation de l'ordre de celle des rayons cathodiques, deviendraient vraisemblablement aussi durs que l'acier. Cette expérience n'est pas réalisable, mais nous pouvons pressentir ces résultats en constatant la rigidité apparente considérable acquise par un fluide animé d'une grande vitesse. Des expériences faites dans des usines hydro-électriques ont montré qu'une colonne liquide de 2 centimètres seulement de diamètre, tombant à travers un tube d'une hauteur de 500 mètres ne peut être entamée par un coup de sabre lancé avec violence. L'arme est arrêtée, à la surface du liquide, comme elle le serait par un mur. Il est probable que si la vitesse de la colonne liquide était suffisante, un boulet de canon ne la traverserait pas. Une lame d'eau de quelques centimètres d'épaisseur, animée d'une vitesse assez grande, resterait aussi impénétrable aux obus que le mur d'acier d'un cuirassé.

La rigidité croissant avec la vitesse, il suffit de donner au corps le plus mou une vitesse suffisante pour qu'il pénètre dans le corps le plus dur. Un disque de fer mou coupe très facilement des barres d'acier très dur si on lui donne une vitesse de rotation suffisante. Cette propriété est utilisée aujourd'hui dans beaucoup d'usines »... « Ceci nous explique comment l'éther immatériel transformé en petits tourbillons animés d'une vitesse suffisante, devient très matériel. On comprend aussi que, si ces mouvements tourbillonnaires étaient arrêtés, la matière s'évanouirait instantanément en retournant à l'éther. L'immatériel, c'est-à-dire ce qui ne se pèse pas, peut donc engendrer le matériel, c'est-à-dire ce qui se pèse, par le fait seul qu'intervient la vitesse ».

Voilà donc les premiers points nettement définis : 1° Possibilité de la transformation de l'énergie en matière ; 2° différentes formations dues aux différents équilibres entre les molécules constitutives. Ces deux conceptions fondamentales confirment pleinement notre propre thèse relative à la formation des corps et notamment des corps animés dans lesquels nous ne voyons aucune différence avec les corps inertes, sauf que l'association de leurs molécules s'est faite de façon à rendre le corps assez « léger » pour qu'il puisse s'agiter sous l'influence de la chaleur solaire.

Et voici la suite de la théorie de Gustave Le Bon que nous reproduisons en résumé.

« *Phrase chaotique ou de naissance de l'énergie.* — Formation sous l'action de la gravitation ou des causes inconnues de nuages d'éther. L'éther se condense en particules disséminées qui prennent la forme de tourbillons. Animés de mouvements assez lents, ils ne contiennent d'abord que très peu d'énergie.

Phase nébuleuse ou de concentration de l'énergie. — Les tourbillons d'éther accélèrent leur mouvement. Il en résulte des attractions qui les agglomèrent en noyaux, futurs germes de la matière. Une concentration générale de la masse s'établit. Il se forme une nébuleuse aux contours d'abord vagues qui finit par devenir sphérique et sera l'origine d'un système solaire. A mesure que les particules de cette masse se condensent, les tourbillons de l'éther précipitent leurs mouvements, s'agglomèrent et forment des noyaux d'atomes qui, par suite de la rapidité croissante de leur rotation se saturent de plus en plus d'énergie.

Phase d'incandescence stellaire ou de dépense de l'énergie. — Cette phase est celle de la formation d'un soleil et des étoiles analogues. En se condensant de plus en plus, les atomes finissent par acquérir une quantité d'énergie intra-atomique qu'ils ne peuvent plus contenir et rayonnent sous forme de chaleur, de lumière ou de forces électriques diverses, dont la chaleur n'est peut-être qu'une manifestation secondaire.

Phase du commencement de refroidissement stellaire et d'individualisation de la matière. — Par suite de la continuité de son rayonnement la température de l'astre s'abaisse. Les éléments des atomes forment des équilibres nouveaux et donnent naissance aux divers corps simples qui se différencient et, par conséquent, se multiplient à mesure que le refroidissement de l'astre augmente.

Phase planétaire ou de refroidissement et d'équilibre de l'énergie intra-atomique. — Les planètes détachées par la force centrifuge du soleil central autour duquel elles continuent à tourner, se refroissent par la suite de la petitesse de leur volume et arrivent à une température assez basse pour que la vie soit possible à leur surface. Les énergies accumulées sous forme de matière ont atteint une phase d'équilibre stable.

Phase de dissociation finale de l'énergie intra-atomique et de retour du monde à l'éther. — Tout en se maintenant en équilibre pendant de longs siècles, les atomes n'ont cessé de rayonner un peu, et par ce rayonnement même et la réduction de vitesse de rotation de leurs éléments qui en est la suite, ils perdent une partie de leur stabilité ; alors commence une période de désagrégation qui croît très vite à mesure que la stabilité des éléments intra-atomiques décroît. A une certaine période de vieillesse, les éléments retournent à l'éther d'où ils sont sortis ».

Voici en peu de mots toute l'histoire de la vie, qui, d'après ce même auteur, se résume dans le cycle fatal des choses : naître, grandir, décliner et mourir.

Revenons cependant à la cellule vivante qui s'était formée sous l'influence du vitogène par accouplement défini des molécules constitutives.

Se transformant sans cesse ces petits êtres microscopiques finirent par donner naissance aux organismes supérieurs, dont nous ne pouvons qu'admirer la complexité, dont les moindres organes paraissent avoir été merveilleusement adaptés à l'accomplissement de leurs fonctions.

La pensée humaine se perd devant l'harmonie parfaite des êtres supérieurs. Comment admettre la possibilité de tels miracles ? Quelle est la cause de cette harmonie ?

C'est à Ch. Darwin l'illustre naturaliste anglais que nous en devons l'explication. Après de longues années consacrées à l'étude et aux voyages, après vingt ans de réflexion, Darwin se décida enfin à présenter au monde la clé du mystère qui recouvrait jusqu'alors l'origine des êtres.

Sans entrer dans les explications arides de la théorie du darwinisme nécessitant une certaine préparation technique de la part du lecteur, nous essayerons d'exposer les lois fondamentales de cette théorie sous une forme aussi assimilable que possible.

Tout être vivant, nous dit Darwin, est capable de se transformer. Les tendances à la variabilité sont provoquées par des causes fort nombreuses, c'est la nourriture, l'exercice, le climat, en un mot, toutes les causes nécessitant une adaptation au milieu.

Le grand naturaliste prouve en effet que certaines espèces de crustacés changent de forme suivant que l'eau contient une plus ou moins grande quantité de sel. Certains autres crustacés s'étant adaptés à la vie parasitaire ont perdu, petit à petit, leurs organes de locomotion et des sens, de même que les taupes, vivant dans l'obscurité, présentent une atrophie sensible de l'organe de la vue. La présence chez eux du globe oculaire prouve, cependant, que cet organe, était développé jadis.

Certaines espèces d'insectes atlantiques ont perdu complètement leurs ailes, ces organes ayant donné souvent prise aux vents qui emportaient ces insectes dans l'Océan. Des faibles vestiges prouvent, néanmoins, que les ailes existaient chez les ancêtres.

Il est facile à comprendre aussi que l'exercice de certains organes, la gymnastique, dite « fonctionnelle » donne aux organes exercés une vigueur plus grande qu'aux organes non exercés qui s'atrophient et finissent par disparaître.

La gymnastique dont nous parlons, explique le développement des biceps du lutteur, la solidité des pieds de la danseuse, etc...

Cependant il ne faut pas voir dans l'adaptation au milieu le gage de la perfection organique. Comme nous venons de voir, certains animaux vivant à l'état parasitaire, ont trouvé plus rationnel pour eux de faire un pas en arrière plutôt que de le faire en avant. Au lieu de perfectionner leur structure, ils l'ont réduite à sa plus simple expression.

En résumé, le milieu, la nourriture, le climat, toutes les causes extérieures, en un mot, impriment leur volonté et obligent l'être vivant à se transformer sans cesse. Mais ce n'est pas là l'explication de la complexité dans l'organisation des êtres.

Il y a une autre force, plus importante encore qui trie soigneusement les êtres vivants, qui se charge, pour ainsi dire, à choisir dans le nombre quelques rares spécimens qui seuls auront droit à la vie. Cette force est la *sélection naturelle*.

Pour mieux nous en rendre compte adressons-nous à l'exemple frappant du naturaliste russe Timiriazeff.

En admettant qu'une plante de pissenlit fournisse annuellement 100 graines (ce qui est au-dessous de la vérité) et que chacune de ces graines produise l'année suivante 100 nouvelles plantes, etc., en admettant aussi qu'aucune de ces graines ne périsse, voilà ce que nous aurons au bout de la dixième année :

1re année.....	1 plante	
2e année.....	100 plantes	
3e année.....	10.000 plantes	
4e année.....	1.000.000 plantes	
5e année.....	100.000.000 plantes	
6e année.....	—	—
7e année.....	—	—
8e année.....	—	—
9e année.....	—	—
10e année.....	1.000.000.000.000.000.000 plantes	

En admettant que chaque plante puisse se contenter de 20 centimètres carrés (ce qui est encore en dessous de la vérité) la surface occupée par la dixième génération serait de 20.000.000.000.000.000.000 centimètres carrés. Or, la surface totale de la terre (excepté les océans) est 1.363.760.250.000.000.000 centimètres carrés, ce qui veut dire, tout simplement, que la surface exigée par la dixième génération d'une seule plante de pissenlit serait quinze fois environ plus grande que la surface de toute la terre.

Et ce qui est vrai pour les plantes, l'est également pour le règne animal. D'après les calculs de Darwin une paire d'éléphants, dont la durée de vie sexuelle est comprise entre trente et quatre-vingt-dix ans et qui ne se produisent guère pendant ce laps de temps que 6 unités, ces deux éléphants disons-nous, auraient pu produire 15 millions d'individus pendant cinq cents ans.

C'est là qu'intervient la sélection naturelle en supprimant les *milliards* d'êtres et ne laissant survivre que quelques rares *unités*.

Une question se pose. Quelles sont les unités qui survivront ? Ou autrement : Pourquoi survivront-elles ?

Et bien voici : La sélection naturelle procède en *grand* et fait absolument la même chose que ce que font en *petit* les horticulteurs et les éleveurs. Ces derniers savent en effet, qu'en supprimant les êtres faibles et les moins caractéristiques, l'espèce finit par s'améliorer sensiblement. Il en est de même pour la sélection naturelle, mais l'esprit humain est incapable de concevoir cette destruction monstrueuse.

Nous le répétons, quelques rares spécimens subsistent parmi les nombreux milliards de leurs semblables. Les survivants sont donc les plus forts, les mieux doués.

La lutte est-elle finie pour ces élus ? Nullement.

Ayant été désignés par la sélection naturelle pour la conservation de leur espèce, ces élus auront encore à supporter une lutte contre leurs concurrents. Une qualité infime pourrait suffire pour leur assurer la victoire. Admettons, en effet, mille concurrents pour une seule place disponible. Le moins parfait de ces concurrents sera désigné par la note 1/1000, le suivant 2/1000, le troisième 3/1000, etc... Nous arriverons à éliminer ainsi 988 candidats Resteront les deux derniers, représentés respectivement par les notes 999/1000 et 1000/1000. Un millième de différence suffirait donc pour trancher la question de vie ou de mort. Et ces chiffres sont plus vivants qu'on ne saurait le croire. Plus encore. Bien souvent la différenee est tellement insensible que l'œil le plus exercé de l'observateur ne saurait la découvrir, mais elle existe cependant, car autrement la préférence ne saurait être expliquée.

Par quoi se traduisent les supériorités des uns par rapport aux autres ? Elles sont d'abord trop nombreuses pour qu'on puisse songer à les énumérer ; elles sont ensuite trop arbitraires pour qu'on puisse les étudier. L'enveloppe de la graine est-elle plus épaisse ? elle permettra à la graine de mieux supporter les rigueurs de l'hiver. Est-elle au contraire plus mince ? Elle permettra une élevée plus rapide. Ainsi donc le même caractère peut, suivant les cas, présenter un avantage et un inconvénient pour le concurrent. Pas de loi fixe, le hasard seul règle la question de supériorité suivant que l'individu réunit le maximum des caractères utiles pour les conditions déterminées par le climat, le sol, le milieu.

Or, pour réunir le maximum des caractères utiles, l'être vivant se différencie de plus en plus. Autrement dit, entre deux concurrents à peu près égaux et placés dans les mêmes conditions, seul pourra continuer la lutte celui qui ne ressemblera pas à l'autre, qui présentera une différence, fût-elle à peine sensible (à condition, bien entendu, que cette différence soit utile à l'individu).

La sélection naturelle est donc une cause importante de la variabilité des êtres, cette variabilité ayant pour résultat la création des nouveaux caractères et en partant des nouveaux organes qui se développent et s'améliorent sans cesse.

Voici donc la clé du mystère, voici l'explication logique de l'harmonie des êtres. Et si paradoxale que cela puisse paraître, la mort est donc la plus grande cause, si ce n'est la cause unique de l'harmonie et de la beauté.

Par suite de transformations successives, l'être vivant se différencie au point de ne plus ressembler du tout au type ancestral, d'où formation des nouvelles variétés et espèces. Nous avons hâte d'ajouter que ces différenciations se produisent très lentement, pendant des milliers et des milliers d'années.

D'après Darwin, nous nous rapprocherons plutôt de la réalité en affirmant qu'il faut dix mille générations environ pour que la différenciation entre les variétés d'une même espèce soit plus ou moins sensible. Cette conclusion permet de se rendre compte du laps de temps nécessaire pour la formation des espèces, des genres, des familles.

Une question se pose. L'existence de notre terre remonte-elle assez loin pour permettre de telles suppositions ? La géologie nous permet de nous prononcer affirmativement. En étudiant les formations terrestres les géologues actuels admettent que les périodes presque inimaginables furent nécessaires pour l'accomplissement de ce travail.

Des strates géologiques représentées par les sédiments divers s'étaient formées par la désagrégation des roches sous l'action de l'eau. Nous laissons au lecteur le soin de calculer ce qu'il a fallu de temps pour transformer les roches en pierres, les pierres en cailloux, les cailloux en sable, le sable en poussière. Voici pourquoi la géologie actuelle compte les époques anciennes non plus par siècles, mais par millions et centaines de millions d'années.

Ces chiffres n'ont évidemment qu'un sens relatif et n'ont qu'un but, c'est d'habituer notre pensée à l'immensité des temps préexistants.

En résumé, le corpuscule vivant primitif, se reproduisait en milliers de corpuscules analogues qui, sous l'influence de la sélection naturelle d'une part, de la lutte contre les concurrents, les conditions du climat, du sol, de l'autre, se transformaient sans cesse. Chaque caractère différentiel nouveau se transmettait aux générations suivantes par la loi de l'hérédité ; puis, sous l'influence des nouvelles conditions de vie, les caractères paternels acquis subissaient de nouvelles transformations et ainsi de suite pendant de nombreuses générations. Ces variations successives finissaient par créer des organismes parfaitement compris pour l'accomplissement de leurs fonctions, donnaient des espèces nouvelles, des genres nouveaux, des familles nouvelles, présentant des caractères spécifiques, propres à chacun de ces groupes.

Les caractères héréditaires se transmettaient donc plus ou moins fidèlement aux nouvelles générations. Cette impulsion héréditaire, toute inconsciente, créait, en quelque sorte un plan fondamental, une direction générale de développement chez les nouveau-nés ; ceux-ci n'avaient plus qu'à approprier ce fondement à leurs besoins personnels.

Les jeunes se développant dans les limites des cadres grossièrement tracés par les formes ancestrales, finirent par s'habituer à ces cadres, à les suivre par impulsion, involontairement, par la force de cette « *Mémoire inconsciente de la matière vivante* », que les naturalistes considèrent comme l'origine des instincts.

Et en effet, il est facile à comprendre que « la mémoire inconsciente », cette hérédité innée dans la substance vivante, se répétant pendant de nombreux siècles, a fini par créer les fonctions instinctives de l'animal. L'expérience suivante empruntée à Boutkevick et Kojevnikoff en donne une brillante confirmation.

Ayant enfermé des larves d'abeilles dans une ruche isolée de toutes les autres, ils observèrent qu'aussitôt les jeunes abeilles formées, elles se mirent à l'œuvre et fabriquèrent leurs alvéoles, sans avoir jamais vu, cependant, ni appris cet art assez compliqué.

Un autre exemple nous est fourni par le chat domestique qui, à l'état sauvage, avait pris l'habitude d'enterrer ses excréments afin de dépister ses ennemis. S'étant domestiqué depuis très longtemps déjà, le chat n'en continue pas moins son petit manège et gratte le plancher après avoir déposé les traces visibles de son passage.

La vie des animaux abonde de ces exemples qui tous, permettent de conclure que les caractères acquis et exercés pendant un laps de temps plus ou moins long, deviennent instinctifs.

Les instincts ne doivent, pourtant, pas être regardés comme une manifestation volontaire et réfléchie Les effets conscients sont absolument nuls dans ces actes, ce que nous voyons d'ailleurs, dans l'attraction inconsciente des moucherons vers la lumière de la lampe.

Ce n'est que chez les êtres supérieurs que l'instinct arrête de plus en plus l'attention de l'animal. Cette attention entraîne l'observation qui, à son tour, se développe progressivement et se fond dans l'intelligence.

En suivant attentivement le développement intellectuel chez les enfants, il est facile de remarquer les transformations graduelles de l'instinct en actes réfléchis et conscients.

C'est ainsi que les enfants n'ayant jamais eu l'occasion de tomber saisissent la mère avec les signes évidents de la peur, aussitôt qu'ils se sentent lâchés. (Cette expérience fut faite maintes et maintes fois par l'auteur de ces lignes avec sa fillette âgée de trois mois.)

En résumé, l'animal sort lentement, progressivement des cadres de l'instinct et entre dans la période des fonctions intellectuelles.

D'abord primitives, ces fonctions intellectuelles ne se traduisent que par les constatations passives des faits.

L'homme, habitant les cavernes, vêtu des peaux de bêtes qu'il a tuées, se contente de recueillir ce que la terre lui fournit.

Puis ne se bornant plus à la constatation, il commence à observer. Il a cru s'apercevoir, en effet, que le vent a déposé sur le sol des graines, qui disséminées au hasard deviennent des plantes, identiques en tous points, à toutes celles qui se sont présentées jusqu'alors à ses yeux.

Fort de cette observation il cherche à imiter l'action du vent, il dissémine aussi les graines, mais là un obstacle inattendu se présente : les oiseaux qui lui dérobent une quantité considérable de ses semences. Afin d'obvier à cet inconvénient, il creuse à l'aide d'une bûche crochue, des semblants de sillons destinés à recevoir les semences qu'il recouvre aussitôt.

Un point capital est ainsi établi : imitation du travail de la nature d'une part et recherches d'améliorations de l'autre.

Mais l'appauvrissement de la terre, dû à des causes encore inconnues, fait que ses récoltes deviennent insuffisantes. L'homme est donc obligé de chercher ailleurs, un endroit plus propice et plus fécond. Nomade par nature et par nécessité, il emmène sa famille et ses troupeaux et va, au hasard, sans but, et se fixe enfin à l'endroit qui lui paraît favorable.

Là encore, la même cause le fait émigrer à nouveau, au bout de quelque temps.

Or, disposant de moyens de communications restreints et insignifiants, il ne peut entreprendre de longs voyages. Il n'est donc pas étonnant qu'il se trouve de nouveau, à l'endroit qu'il a quitté précédemment et là, à son grand étonnement, il remarque des champs superbes offrant des moissons abondantes. Poussant plus loin, il s'aperçoit que dans les endroits où paissaient ses troupeaux, l'herbe est bien plus drue, plus haute et plus fournie.

Ayant déjà une certaine pratique, il a appris à raisonner et dans son esprit naît l'idée de connaître le motif de ce phénomène qu'il attribue d'une part à l'action du repos salutaire et de l'autre aux excréments répandus sur le sol.

Il vérifie ces suppositions et finit par constater que ces espérances sont entièrement réalisées.

Obtenant de la terre un rendement suffisant et régulier, l'homme n'est plus obligé d'errer à l'aventure et dès que l'action fertilisante du fumier fut connue, la vie devint sédentaire.

Se trouvant, désormais, aux prises incessantes avec les causes naturelles : le climat, les insectes, les intempéries, il cherche sans cesse à les vaincre et son esprit travaille, travaille toujours, lourdement, patiemment.

En résumé, le plasma vivant, né du hasard par un groupement défini des molécules, continue à se développer, dirigé par la sélection naturelle, par l'hérédité, par le milieu ambiant.

Le produit du travail d'adaptation au milieu, de la

lutte pour l'existence, se traduit tout d'abord par la mémoire inconsciente de la matière vivante, puis par l'instinct et enfin par l'intelligence, dont l'évolution progressive réduit de plus en plus le règne des instincts.

Nous croyons avoir clairement répondu à la question de possibilité d'existence d'un être conscient, né d'une force aveugle et inconsciente.

Pour finir, voyons les différentes étapes de la vie humaine et tâchons de les résumer en quelques mots.

L'homme vient au monde en souffrant et en faisant souffrir. Il commence ensuite à faire son adaptation au milieu par des souffrances nouvelles, pendant l'apparition des dents, par les maladies infantiles, etc. Vient après la vie proprement dite, c'est-à-dire une longue série d'autres souffrances ayant pour but de l'approcher vers l'idéal, le but que tout le monde se trace et que personne n'atteint (nous le croyons du moins, car nous n'avons jamais rencontré l'homme entièrement satisfait de sa vie).

Enfin le dernier stade arrive, la vieillesse, avec ses maladies et ses déboires ; puis, après les souffrances dernières, c'est la fin, le non-être, la mort.

Où est donc le but de la vie ? Où est l'explication logique de l'existence, créée par un Commencement suprême et Conscient ?

Quelques fervents chercheurs du « rationnel » dans les manifestations vitales, saisissent avec empressement, l'argument qui leur paraît irréfutable.

Tout est rationnel dans la vie, disent-ils, car dans l'organisation des êtres nous voyons une adaptation trop bien comprise pour qu'elle fût inconsciente.

Mais nous avons vu que l'harmonie dans la structure des êtres s'explique très aisément par les lois naturelles. D'autre part, il ne faut pas, comme nous l'avons vu également, voir dans cette harmonie quelque chose de strictement parfait.

En examinant, en effet, l'organisation des êtres des règnes animal et végétal, nous y voyons des incompatibilités criantes.

Tel est, par exemple, l'appendice vermiculaire de l'homme qui ne sert qu'à faire souffrir son propriétaire de l'appendicite ; on supprime cet appendice par une opération, très courante, et l'harmonie des fonctions intestinales n'est nullement atteinte pour cela.

Telles sont les fausses côtes qui s'étaient détachées du sternum et qui ne font que s'atrophier de plus en plus. Il est très probable que l'homme primitif, ayant une cage thoracique plus développée que la nôtre, avait besoin d'un soutien plus solide, et le nombre de ses côtes était par conséquent, plus grand ; nous en voyons, d'ailleurs,la confirmation dans les vestiges des côtes, formant actuellement les apophyses des vertèbres lombaires.

Mais, la raison d'être s'étant évanouie, bon nombre de côtes commencèrent à disparaître lentement, en continuant cette régression jusqu'à nos jours.

Au même titre, l'appendice avait, bien probablement, son rôle dans l'économie animale, mais actuellement il ne sert plus à rien.

Un autre exemple encore. Le dard des abeilles et des guêpes présente des crochets recourbés intérieurement. Ce dispositif ne permet pas à ces insectes de se défendre contre les aggressions de l'ennemi.

Une fois sorti, le dard arrache les intestins de l'abeille et provoque la mort immédiate.

Dans le règne végétal nous trouvons également quelques exemples dans ce genre.

Entre autres, les graines de maïs, ayant été artificiellement privées de leurs réserves nutritives, continuèrent néanmoins à se développer et à donner des récoltes normales (Expériences de MM. Gain et Jungelson).

Il est bien compréhensible que ces réserves nutritives furent nécessaires, lorsque la plante se trouvait dans des conditions déplorables pour son développement. Mais aujourd'hui, où l'homme prépare le terrain et y apporte tout ce qu'il faut pour faciliter la croissance des plantes, ces réserves, de nécessaires qu'elles étaient, sont devenues, pour le moins, non indispensables.

Ainsi donc, l'organisation des êtres n'est déjà pas aussi rationnel qu'elle peut le paraître de prime abord. Ajoutons, que nous pourrions multiplier sans nombre les cas analogues, si nous ne craignions de sortir des cadres de notre thème. Nous renvoyons le lecteur à l'œuvre très documentée de Metchnikoff : *Les désharmonies de la nature humaine.*

Rappelons ici que l'évolution ne se produit que fort lentement, plus lentement qu'on ne saurait l'imaginer. Ceci explique d'une part, la soi-disante merveilleuse adaptation, créée par les besoins du milieu pendant *des milliers de siècles* et, d'autre part, cette lente évolution explique la présence des organes inutiles qui, leur rôle terminé, n'ont pas eu le temps nécessaire pour disparaître complètement.

La vie se développe donc en dehors de toute loi consciente. Elle ne connaît qu'un Maître, c'est le *Hasard.*

C'est lui qui l'a fait naître, c'est lui qui la dirige. C'est toujours lui qui la brise.

Nous trouvons que nous avons assez répondu à la question : « Qu'est-ce que Dieu » et supposons qu'on ne nous demandera pas grand'chose comme réponse à la deuxième question, relative aux formes religieuses de son adoration.

La force mystérieuse, le vitogène-créateur n'a cure de nos prières et de nos jeûnes, et il ne peut être question de son adoration.

Les idées religieuses de l'homme actuel ne sont autre chose que des organes (immatériels bien entendu) ayant perdu leur raison d'être et que l'évolution n'a pu faire disparaître complètement jusqu'alors.

Depuis la plus haute antiquité l'esprit humain se heurtait à l'énigme de l'Au-delà, dont il essayait, en vain, de soulever les voiles ténébreux. Il se refusait à l'idée que toute sa vie, faite de travail, de peine et de souffrances, se terminât dans le néant, dans l'annihilation complète de son être.

Il s'était donc jeté à corps perdu aux bras de la religion qui lui expliquait l'existence éternelle de son âme immortelle.

Mais ces explications abstraites ne s'appuyant que sur la foi aveugle, ne pouvaient pas apaiser, pour longtemps, l'intelligence humaine, allant toujours se perfectionnant, s'amplifiant sans cesse.

De nouveau la question se posa.

De nouveau la peur instinctive de la mort, cette destructrice impitoyable, se glissa dans son âme.

Oh! connaître la vérité! la connaître à tout prix...

Les différents systèmes philosophiques, depuis les plus anciens jusqu'aux plus récents, essayaient, eux aussi, de pénétrer dans l'abîme de l'Au-delà à force de logique, de raisonnement. Leurs efforts restèrent également vains.

Les uns conseillaient la résignation devant l'Inévitable, les autres déclaraient le non sens de cette pauvre vie et disaient que mieux valait d'en finir de suite; d'autres encore prétendaient qu'il ne fallait point s'en occuper, en se contentant de jouir de la vie, telle qu'elle est.

Mais la peur de la mort, cette peur de l'inconnu, continuait à régner, en souveraine, sur les esprits humains.

Le grand et illustre Metchnikoff disait que cette peur ne peut que confirmer l'idée de la désharmonie de la nature humaine.

Et réellement, si la nature humaine était l'œuvre d'une Force Intelligente et Consciente elle serait, certes, mieux comprise dans son organisation psychique et serait douée d'un sixième sens que Metchnikoff appelle « le sens de la mort naturelle ».

A une certaine époque de la vie, où la vieillesse rappellerait à l'homme que son passage ici-bas allait s'achever, ce sixième sens se réveillerait, en faisant percevoir l'approche de la mort, comme chose logique et juste. L'homme s'éteindrait donc doucement l'âme tranquille pour ne se réveiller que dans l'immensité d'un autre monde. La mort ne serait par le fait qu'un simple passage d'une vie à l'autre, sans transes, sans secousses.

Voilà comment l'humanité devrait être faite, si elle était conçue suivant le bon sens, suivant la logique.

Notons, en passant, que les animaux inférieurs meurent pourtant sans jamais protester, sans un geste de révolte. Combien de milliers de fourmis, de moucherons, de vers, etc., sont écrasés journellement sous les pas indifférents des promeneurs dans les allées d'un parc, dans les sentiers d'une forêt, dans les gazons verdoyants des prés.

Non, ils ne protestent pas ces pauvres êtres, parce qu'ils n'ont pas peur de la mort ; parce qu'ils ne la *comprennent* pas ; parce qu'ils n'ont pas notre intelligence qui nous fait comprendre le sens de la mort, qui nous fait nous révolter contre l'acceptation d'un fin sans issue.

Nous oublions trop facilement hélas, que l'intelligence (la seule différence qui existe entre nous et les êtres inférieurs) n'est qu'un effet secondaire de hasard dans notre évolution.

L'homme est une monstruosité du règne animal, comme disait si bien Metchnikoff; il ne constitue en effet qu'une déviation brusque du type paternel simiesque, tout comme le chou-fleur, dont nous admirons l'aspect et le goût, n'est qu'une monstruosité florale.

Et, si notre intelligence nous fait relativement (oh! très relativement) supérieurs aux autres habitants de notre planète, ce n'est pas une raison pour supposer notre existence plus précieuse que la leur, et la croire munie d'une suite dans l'Au-delà.

Le vitogène est unique et ses propriétés sont les mêmes, aussi bien chez nous, êtres supérieurs, que chez nos petits confrères, occupant le bas de l'échelle zoologique. Notre existence seule diffère, mais la mort nous ramène tous, grands ou petits, à la même masse uniforme, à la même poussière, au même état minéral.

Et puisque notre intelligence est une force, c'est dans elle que nous devons puiser les éléments du sens de la mort naturelle qui est nécessaire à la pauvre humanité pour contrebalancer les effets de cette arme à double tranchant, qu'est notre cerveau.

Et il viendra à se former, ce sens de la mort naturelle. Tôt ou tard, nous l'aurons, car si la fonction développe l'organe la nécessité le crée.

Nous sommes arrivés à la fin de cet ouvrage et ne voyons qu'une chose à ajouter pour répondre au reproche qu'on nous a fait de démolir les croyances sans les remplacer.

Eh bien oui. Nous ne voyons pas la nécessité d'une religion, fût-elle des mieux comprises, car toutes, aboutissent infailliblement au mysticisme. La meilleure entre toutes (nous parlons de celle de M. G. Wells, auteur de *Dieu l'Invisible Roi*) n'échappe à cette règle funeste qu'avec cette seule différence que le mysticisme de M. Wells est basé sur le raisonnement; c'est, en quelque sorte, un mysticisme conscient et volontaire. Il reconnait également l'absurdité de prêter à Dieu un esprit humain, il dit avec nous que Dieu ne saurait s'immiscer dans nos affaires, dans nos souffrances, dans nos joies terrestres — mais il existe néanmoins en nous-mêmes — il est toujours avec nous et il faut le vénérer, l'adorer sans bornes, se donner entièrement à lui, se sacrifier même à lui. M. Wells tout en proclamant la nécessité d'une religion libre, sans entraves, retombe lui-même dans le fanatisme servile de son Dieu à lui.

Oui, nous rejetons fièrement toutes les religions, car nous n'avons besoin d'aucune. Nous dirons avec Socrate que l'Esprit est le commencement de toutes choses et que cet esprit ne peut avoir d'autre but que le bien.

C'est dans la conscience humaine, c'est dans la raison saine et droite que l'humanité future trouvera la vraie religion, le vrai Dieu.

Ses commandements? Ils sont réduits à leur plus simple expression : « Un pour tous »,« Tous pour un » ou si vous préférez : « Aimez-vous les uns les autres ».

Confondus dans les mêmes aspirations, les hommes-frères tendront tous leurs efforts réunis pour étudier et connaître le Vitogène-Créateur. Et ils finiront par ouvrir toute grande la porte du royaume céleste, malgré les assertions pessimistes de M. E. Blanchard qui affirme « que ce serait une folie de prétendre expliquer la création ».

Laissons faire le temps, mais occupons-nous en attendant, à mieux nous connaître, à mériter réellement le nom d'êtres supérieurs. N'oublions pas que nous n'aurons droit à ce titre que lorsque l'humanité refondue aura compris dans toute sa sublimité le sens de la devise : « Aimez-vous les uns les autres », cette loi exquise cessant d'être le *commandement* d'un Dieu Inconnu, mais devenant l'*impulsion* de la conscience et de l'âme affranchie, libre et belle.

FIN

IMP. JOUVE ET Cie, 15, RUE RACINE, PARIS. — 6050-19

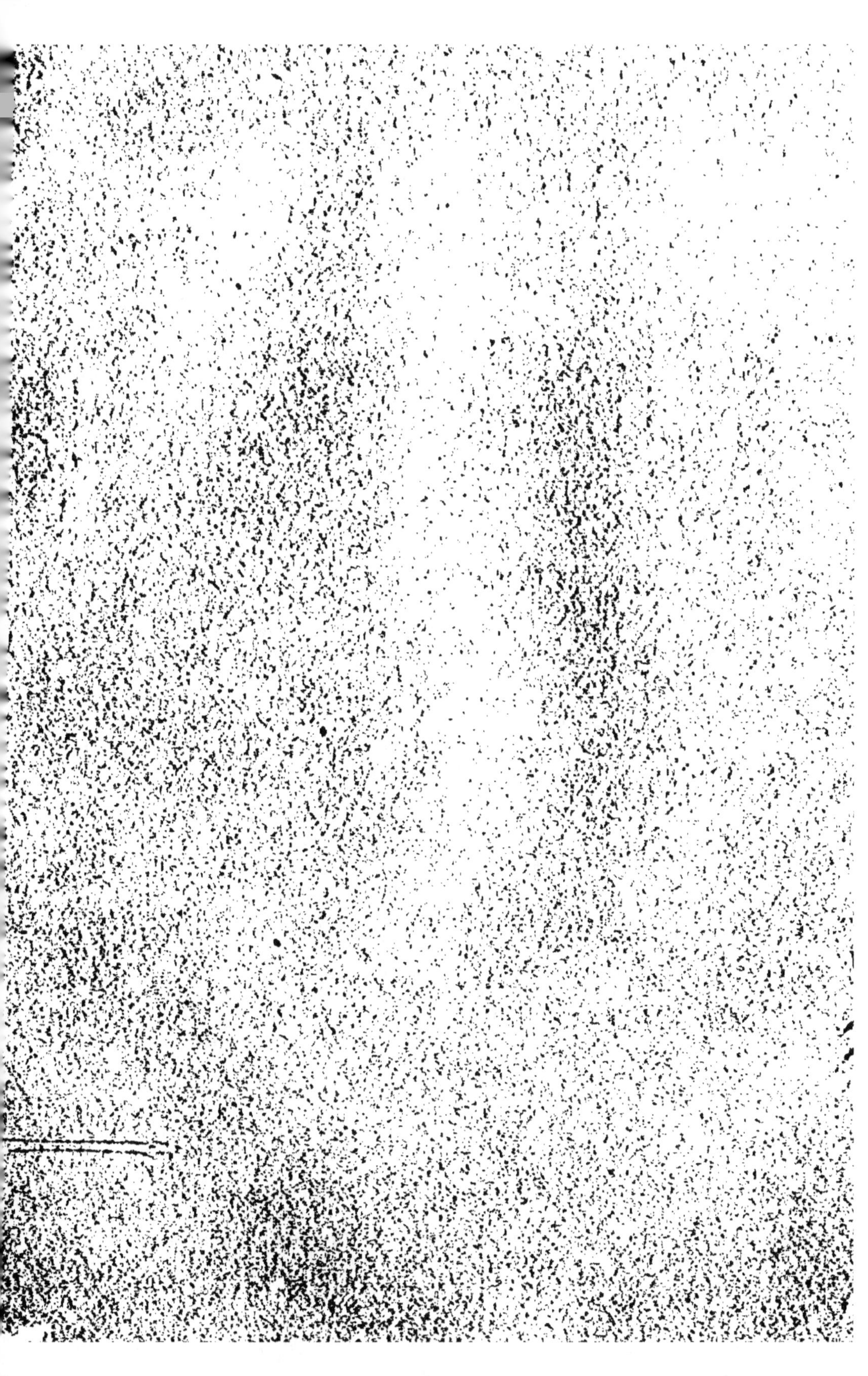

DERNIERS OUVRAGES PARUS

www.ingramcontent.com/pod-product-compliance
Lightning Source LLC
LaVergne TN
LVHW020405230826
846091LV00004B/1159

* 9 7 8 2 0 1 2 8 3 6 7 5 4 *